한 시간 기도로 살기

예 · 수 · 동 · 행 · 기 · 도

한시간
기도로
살기

유기성 외 지음

규장

주님께서 친히 말씀하신
기도의 메시지

아무리 상황이 어려워져도 포기할 수 없는 것이 기도입니다. 겟세마네 동산에서 땀방울이 핏방울이 되도록 기도하시면서 졸음을 이기지 못하는 제자들에게 "한 시간도 기도할 수 없느냐!"라고 말씀하셨던 주님은 지금도 우리에게 "한 시간도 기도할 수 없느냐?"라고 말씀하십니다.

주님은 상황이 어려울수록 교회를 더욱 '기도하는 교회'로 세워가야 하고, 교인들이 계속 기도의 자리로 나아가도록 인도해야 한다고 말씀하시는 것 같았습니다. 그래서 교인들과 '50일 한 기도 기도'를 시작했습니다. 50일 동안 매일 아침 SNS로 기도에 대한 메시지를 듣고 한 시간 기도를 따라할 수 있는 영상을 보낸 것입니다. 그리고 이 '50일 한 시간 기도'를 통하여 말할 수 없이 어려웠던 기간 동안, 교인들이 기도할 힘을 얻었고, 교회는 기도의 부흥을 경험하였습니다.

비전을 공유하며 한 몸이 되어가는 과정

이 '50일 한 시간 기도'에서 기도에 대한 메시지를 부목사들과 함께 전했습니다. 제가 목회하면서 실험해보고 싶은 믿음은 세 가지였습니다. 첫째, 예수 그리스도께서 지금 우리 안에 계신다는 믿음입니다. 둘째, 교회는 성령께서 이미 하나 되게 하셨다는 믿음입니다. 셋째, 하나님의 뜻대로 재정을 사용하면 하나님께서 반드시 책임져주신다는 믿음입니다. 그런데 이 비전은 부목사들의 자발적인 참여가 없이는 실현될 수 없다는 것을 깨달았습니다. 담임목사의 비전이 아무리 성경적이고 훌륭해도 교인들과 공유되어야만 그 비전이 열매를 맺게 됩니다. 그런데 그 비전을 가장 우선적으로 공유해야 할 대상은 부교역자였습니다. 그래서 저는 부목사들과 저의 비전을 공유하는 일을 시작하였습니다. 수도 없이 안 된다, 불가능하다는 좌절이 있었지만 주님께서 포기하지 않게 하셨습니다.

성경은 분명히 교회가 예수님의 몸이고 교인들은 서로 지체라고 말합니다. 그런데 한국 교회의 현실에서 담임목사와 부교역자가 서로를 한 몸이라고 여기는 교회는 찾아보기 어렵습니다. 일반적으로 담임목사와 부교역자를 수직적 상하관계로 여겨 담임목사는 지시하고 부목사들은 그것을 수행하는 관계가 되기 쉽습니다. 하지만 이런 관계를 한 몸이라고 말하기는 어려울 것입니다. 목사들 사이가 서로 한 몸이 아니면서 어떻게 교인들이 서로 한 몸의 지체라고 가르칠 수 있겠습니까?

부목사들과 비전을 나누면서 저는 부목사에 대한 저의 생각을 바꾸어야 함을 깨달았습니다. 아무리 나의 목회 비전에 대해 확신한다 하더라도 그것을 부목사들에게 강요하면 안 되는 것이었습니다. 부목사들 스스로 성령 안에서 분별하고 자발적으로 동참하도록 해야 했습니다. 저는 솔직히 처음에는 부목사가 저를 돕는 사람인 줄 알았습니다. 그러나 막상 부목사를 세우고 나니 부목사가 없을 때보다 더 힘들 때가 있었습니다. 부목사도 담임목사의 뜻을 받들면서 사역하는 일이 힘들겠지만 담임목사도 부목사를 통하여 자신이 하고자 하는 목회를 하는 것이 얼마나 어려운지 모릅니다.

그러나 이것은 내가 부목사를 예수 그리스도 안에서 나와 한 몸임을 받아들이지 않았기 때문에 생기는 문제임을 깨달았습니다. 그래서 부목사를 단순히 목회를 도와주는 사람이 아니라 하나님의 나라를 위하여 함께 일하는 동역자요, 한 몸으로 받아들였습니다. 부목사들과 매일 예수동행일기를 함께 나누며 지내기로 했습니다. 부교역자들에게 담임목사 너머의 주님을 바라보도록 끊임없이 권면했습니다. 사역에 있어서 담임목사가 예수님보다 더 큰 영향을 주는 존재는 아닌지 살펴보도록 했습니다. 저도 주님을 전심으로 바라보고 부교역자들도 전심으로 주님을 바라보면 모든 믿는 자 안에서 역사하시는 성령께서 우리를 진정으로 소통하는 관계로 이끄실 것을 믿었습니다. 그래서 매일 일기를 쓰고 나누는 것입니다.

초점은 오직 말씀을 주시는 주님께!

그 때 시도한 것 중에 하나가 설교 사역을 부목사들과 동역하기 시작한 것입니다. 목회자의 가장 중요한 사역이 설교입니다. 그러나 설교는 전적으로 주님의 사역입니다. 설교자는 그 은혜의 통로일 뿐입니다. 설교자가 담임목사인지 부목사인지가 초점이 아니라 설교자를 통하여 말씀하시는 주님께 초점이 맞추어져야 합니다. 그래서 설교 사역을 과감히 부목사들과 함께하기로 결정하였습니다. 그러기 위하여 모든 목사는 설교하기 전에 먼저 전교역자들 앞에서 설교 크리틱(critic) 과정을 갖도록 했습니다. 이렇게 설교의 준비 과정을 함께 섬기면서 담임목사와 부목사가 영적으로 도움을 주고받으며 함께 성장하는 것을 경험하게 되었습니다.

제가 주일설교를 하지 않을 때, 가능한 한 외부에서 설교자를 모시지 않고 부목사들에게 설교할 기회를 주었습니다. 주일예배에 참석하는 교인들의 수가 늘어나면서 주일예배 드리는 횟수를 한 번 더 늘리게 되었는데, 문제는 11시 예배에 교인들이 몰리게 되는 부작용이 예상되었습니다. 그 문제로 기도하다가 주님께서 주신 지혜로 담임목사인 나는 오전 7시, 9시, 오후 1시 예배 때 설교하고, 11시 예배 때 부목사가 설교하도록 하는 것이었습니다. 처음에는 많은 교인이 우려하기도 했지만 결과는 성공적이었습니다. 참석 인원이 모든 예배에 골고루 흩어진 것입니다.

부목사와 매 주일 같은 본문과 제목으로 설교합니다. 부목사들에게 3개월 전쯤 설교 본문을 정해주고 준비하게 했습니다. 설교하기 한 주 전부터는 매일 준비 중인 설교 원고를 교환합니다.

그런 과정을 통하여 정확한 본문 이해를 함께하며 핵심 메시지를 다듬습니다. 이렇게 하면서 같은 본문과 같은 제목, 핵심 메시지는 같지만 내용은 다른 설교를 하게 됩니다. 이 과정을 통하여 부목사들과 저의 목회 비전과 영적 방향성을 공유할 수 있었습니다.

이번 '50일 한 시간 기도'도 그렇게 해보았습니다. 설교자에게 초점을 맞추지 않고 말씀을 주시는 주님께 초점을 맞추기로 했습니다. 그래서 부목사들과 함께 설교하였습니다. 그 결과 교인들도 큰 은혜를 받았지만 제가 받은 은혜가 말할 수 없이 컸습니다. 주님은 설교자들을 통하여 한 메시지를 주신다는 것을 경험하였습니다. 10년 뒤 한국 교회가 자랑하는 설교자들을 보는 것 같기도 했습니다. 저나 교인들뿐 아니라 설교 사역에 동참한 부목사들에게도 유익이 컸던 것 같습니다.

기도에 대하여 주님이 주시는 동일한 감동의 기록

"제자도는 함께 같은 길을 걸어가는 것이라는 헨리 나우웬의 말을 선한목자교회에서 사역하며 경험합니다. 특히 담임목사님과 함께 설교 사역을 발맞추어 감당하면서, 설교 사역이 얼마나 영광스러운

일이며, 두렵고 떨리는 일인지 배웠습니다." 최왕락 목사

"말씀을 전하는 통로가 된다는 것은 두려운 일이면서도 행복한 일입니다. 목사님들에게 크리틱을 받기 전에는 받기 싫은 마음과 두려운 마음이 있지만 받고 나면 큰 유익을 경험합니다. 말씀에 임하는 자신을 다시 한번 돌아볼 수 있는 시간이 되고, 하나님께 온전히 붙들린 설교를 놓고 미리 준비하며 기도할 수 있어 감사합니다." 이우람 목사

"함께 말씀을 준비하면서 말씀에 새롭게 눈을 뜨게 되고 말씀의 풍성함을 누리는 시간이었습니다." 임동혁 목사

"짙은 안개 속에서 살 길로 이끄시는 한 걸음의 순종이었습니다." 여재우 목사

"말씀 속에서 우리를 기다리시는 주님을 가장 먼저 만날 수 있음이 설교 사역의 가장 큰 유익입니다." 박지훈 목사

"부목사가 주일예배 설교라니, 처음에는 어떻게 하나 싶었습니다. 그런데 설교의 준비 과정부터 단에 서서 전하는 일까지 주님께서 친히 인도해 가심을 경험하게 됩니다. 정말 내 힘이 아니라 주님이 하십니다. 이 영광스러운 사역을 주님께서 주시는 마음으로 담임목사님과 함께하는 것이 감사했습니다." 고성배 목사

"설교를 준비하며 성경을 읽고 써내려갈 때마다 하나님의 마음을 깨닫는 기쁨이 있습니다. 설교 사역은 저에게 성경 말씀에서 흘러나오는 은혜를 가장 먼저 누리게 하는 특권입니다." 김태훈 목사

그래서 이번에 부목사들과 함께 섬겼던 기도 메시지를 책으로 출간하게 된 것입니다. 이 책에 실은 설교는 기도에 대하여 주님이 주신 감동을 담아낸 소중한 기록입니다. 말씀하시는 분은 오직 주님이시고 설교자는 그 통로일 뿐이라는 믿음으로 담임목사와 부목사가 함께 설교를 준비하고 서로를 위하여 기도하면서 전하였던 성령의 열매이기도 합니다.

유기성 목사

CONTENTS

PART 3
기도로 사는
사람이 되라

PART

1

한 시간도
기도할 수
없더냐

01

왜 기도해야 하는가
마태복음 6장 8절

유기성 목사

기도에 숨은 비밀

나는 죽고 예수로 살면 모든 것이 변화되는데, 가장 놀라운 변화가 기도입니다. 전에는 하나님께 무엇을 구하는 것이 기도인 줄 알았습니다. 그런데 이제 예수님 한 분이면 충분하다고 고백하게 되니 "이것 해주세요, 저것 해주세요" 하는 기도가 의미가 없어졌습니다. 예수님과 온전한 연합을 이루게 되면 주님이 모든 것에 답이 되시기 때문입니다.

> 그러므로 내가 너희에게 말하노니 무엇이든지 기도하고 구하는 것은
> 받은 줄로 믿으라 그리하면 너희에게 그대로 되리라 막 11:24

그런데 하나님께서 정말 중요한 기도의 비밀을 보게 하셨습니다. 주님은 분명히 "구하라. 믿으라. 그리하면 이루리라"라고 약속하셨습니다. 하지만 이 말씀이 하나님께서 우리가 무엇을 구하든지 다 응답해주신다고 하신 것은 아닙니다. 그러면 오히려 우리에게 큰 어려움을 가져올 수도 있습니다. 기도는 근본적으로 하나님이 하시려는 것을 우리의 기도를 통해 이루시는 것이기 때문입니다.

> 너희 안에서 행하시는 이는 하나님이시니 자기의 기쁘신 뜻을 위하여
> 너희에게 소원을 두고 행하게 하시나니 빌 2:13

이것이 기도의 정확한 이해입니다. 주님이 우리 안에서 우리에게 기도할 소원을 주신다는 것입니다. 하나님은 우리에게 여전히 기도를 요구하십니다. 하나님은 우리에게 무엇이 필요한지 다

알고 계십니다. 그런데도 우리에게 기도하라고 하시는 뜻은 무엇일까요?

예레미야서 33장 1-9절에 보면 하나님께서 역사하시는 기도의 4단계가 나옵니다. 첫째, 하나님께서 무슨 일을 하기로 결정하시는 것입니다. 하나님의 뜻이 세워지는 단계입니다. 둘째, 하나님께서 사랑하는 성도들에게 기도하도록 감동하시는 단계입니다. 셋째, 성도가 순종하여 실제로 기도하는 단계입니다. 넷째, 기도의 응답으로 하나님의 뜻이 이루어지는 단계입니다.

그런데 하나님께서 계획하신 일이라면 곧바로 시행하면 되는데, 왜 이렇게 복잡한 방법을 쓰시는지 의문이 듭니다. 왜 우리의 기도가 필요한 것이지요? 하나님께서 기도를 통하여 하나님의 일을 이루시는 이유는 우리가 기도하고 응답받는 과정을 통하여 비로소 하나님을 경험하게 되기 때문에 그렇습니다. 기도하고 응답받는 것이 아니면 우리는 그 일이 하나님이 하신 일이라고 인정하지 않고, 자연히 일어난 일이거나 사람들이 도와준 일, 또는 운이 좋았다고 여길 것입니다.

그래서 기도하고 응답하시는 방법을 통하여 '아, 하나님이 하셨구나!' 하고 하나님의 역사하심을 우리에게 알게 하시는 것입니다. 응답보다 더 놀라운 것은 '하나님이 내 기도를 들으시는구나', '하나님이 정말 살아서 역사하시는구나'라는 눈이 뜨이는 것, 하나님께서 그것을 정말 원하십니다. 그래서 하나님께서 모든 것을 아시고 다 이루시지만 우리에게 기도하라고 하시는 것입니다.

기도, 응답인가? 교제인가?

하나님의 또 다른 놀라운 계획이 있습니다. 우리에게는 기도하면 응답이 가장 중요한 문제이지만, 하나님 편에서 기도는 교제입니다. 여러분, 우리의 기도가 언제부터 힘든 일이 되었는지 아십니까? 에덴동산에서 아담과 하와가 선악과를 먹은 다음부터입니다. 아담과 하와가 죄를 지어 하나님과의 관계가 끊어졌기 때문입니다. 그전에는 하나님과의 교제 자체가 아담과 하와의 삶이었습니다. 기도가 힘들 이유가 없었습니다.

그런데 예수 그리스도의 십자가 은혜 안에서 우리의 기도가 완전히 달라졌습니다. 예수 그리스도의 십자가 속죄의 은혜로 하나님의 임재 안에서 하나님과의 친밀한 교제가 회복된 것입니다. 하나님을 아버지라고 부르게 되었습니다. 하나님과 친밀하게 대화하게 된 것입니다. 하나님을 아버지라고 부를 수 있게 된 것이 기도의 능력이고 기도의 축복입니다. 에덴동산의 기도가 회복된 것입니다. 그것은 정말 황홀할 정도로 놀라운 일입니다. 이제 우리에게는 하나님과 친밀하게 대화할 수 있다는 것이 중요합니다. 응답은 그다음입니다.

우리가 만약 응답만 구한다면 우리의 기도는 금방 무너지게 됩니다. 우리가 정말 원해도 어떤 일은 우리에게 유익하지 않을 수가 있습니다. 하나님은 그 모든 것을 아십니다. 하나님은 우리의 형편과 문제, 우리에게 무엇이 가장 좋은지를 다 알고 계십니다. 그래서 하나님은 우리가 구해도 우리에게 좋은 것으로 주시지, 우리가 원하는 대로 주시지는 않습니다. 하지만 그럴 경우 우리 마음에는 응답을 받지 못했다는 생각이 듭니다.

간절히 기도하지만 응답이 없을 때가 있습니다. 요셉의 수많은 기도가 응답되지 않았습니다. 그는 형제들에게 팔려 종살이를 했고 억울하게 감옥살이도 했습니다. 요셉이 얼마나 아버지의 집으로 돌아가게 해달라고 기도했겠습니까? 감옥에서 풀려나게 해달라고 얼마나 간절히 기도했겠습니까? 그러나 요셉의 기도는 계속 응답받지 못했습니다. 그러면서도 하나님께서는 요셉과 늘 함께하셨습니다.

곧 여호와의 말씀이 응할 때까지라 그의 말씀이 그를 단련하였도다
시 105:19

하나님께서 요셉의 기도에 응답하지 않으시는 동안 아무것도

안 하신 것이 아니었습니다. 하나님의 말씀이 그를 훈련했다고 합니다. 그러면 요셉은 기도의 축복을 얻지 못한 것입니까? 아닙니다. 기도의 복을 충만하게 누렸습니다. 하나님께서 항상 자신과 함께 계심을 아는 것이 가장 놀라운 기도의 복입니다.

만약에 요셉이 기도 응답에만 초점을 맞췄다면 요셉은 수없이 무너져서 하나님 앞에 끝까지 쓰임받지 못했을 것입니다. 나중에 요셉은 애굽의 총리가 됩니다. 이것은 요셉이 기도할 수도 없었던 일입니다. 하나님은 그를 통해 하나님의 구원 계획을 놀랍게 이루십니다. 어떤 환경에서도 항상 하나님과 함께했던 것이야말로 요셉이 가진 기도의 능력이었습니다.

완벽한 기도 응답이신 성령님

하나님이 여러분과 함께 계시고, 여러분이 기도할 수 있고, 여러분 속에 성령의 역사가 계속해서 있고, 여러분이 주 예수님을 계속 믿고 있다는 자체가 이미 기도의 응답입니다. 우리가 기도하면 가장 먼저 오는 응답이 성령이십니다.

> 너희가 악할지라도 좋은 것을 자식에게 줄 줄 알거든 하물며 너희 하
> 늘 아버지께서 구하는 자에게 성령을 주시지 않겠느냐 하시니라
>
> 눅 11:13

어린아이가 배가 고파서 울고, 몸이 아파서 울고, 기저귀를 갈아달라고 울 때 그 응답으로 오는 분이 있습니다. 바로 엄마입니다. 아이에게 필요한 것이 많아도 엄마가 오면 아이가 구하는 모든 것이 다 해결되는 것처럼 우리가 하나님께 기도하면 우리에게 오는 응답은 성령이십니다. 성령께서 우리의 문제, 우리의 성격에 따라 우리를 정확히 이끌어가십니다. 성령이 임하시면 응답받은 것입니다. 이것이 바로 기도의 비밀입니다.

한 시간 기도를 훈련하는 동안 주님과의 교제의 기쁨을 누리시기 바랍니다. 기도의 진정한 은혜를 깊이 경험해보시기 바랍니다. 응답은 선물입니다. 우리가 기도의 기쁨을 가지고 주님과 교제하는 삶을 살아가는 동안, 어느 순간에 하나님께서 내가 구했던 역사가 일어나는 것을 보게 하십니다. 그것은 선물입니다. 진정한 복은 주님과의 교제입니다. 예수님과 동행하는 한 시간 기도 훈련 가운데 놀라운 기도의 회복과 기도의 복, 기도의 기쁨을 충만히 누릴 수 있기를 축복합니다.

오늘의 기도 미션

ㅣ 한 시간 기도로 하나님과 교제하게 하소서.

2 기도생활에 주님과 교제하는 기쁨이 충만하게 하소서.

3 하나님을 아버지라 부르는 것이 가장 큰 기도의 역사임을 알게 하소서.

4 오늘 한 시간 기도함으로 기도의 거룩한 습관을 갖게 하소서.

한 시간 기도로 살기

02

한 시간도
기도할 수 없더냐

마태복음 26장 40,41절

유기성 목사

기도하지 않으면 견딜 수 없는 상황이 오고 있다

사실 우리가 하나님 앞에 기도하는 일이 그렇게 간단한 것이 아
닙니다. 그러니까 오늘날 한국 교회가 기도의 모양만 있지 기도
의 능력을 잃어버렸다고 하는 것입니다. 예수님이 겟세마네 동산
에서 기도하실 때, 제자들에게 기도하라고 하셨는데도 불구하

고 그들은 기도하지 못했습니다. 그러니까 예수님이 졸고 있는 제자들에게 이렇게 책망하셨습니다.

너희가 나와 함께 한 시간도 이렇게 깨어 있을 수 없더냐 시험에 들지 않게 깨어 기도하라 마 26:40,41

그러면 제자들이 왜 기도하지 못하고 잠이 들었을까요? 제자들은 실제로 그들에게 무슨 일이 일어나고 있는지를 전혀 알지 못했습니다. 알았다면 그렇게 졸지 않았을 것입니다. 이것은 우리의 문제이기도 합니다. 우리도 지금 우리 가운데 무슨 일이 일어나고 있는지, 앞으로 어떤 일이 일어날지 전혀 알지 못합니다. 그러나 하나님은 다 아십니다. 하나님께서 우리에게 계속해서 기도의 마음을 부어주시는 것 역시 기도를 하지 않으면 견딜 수 없고, 이길 수 없는 상황이 오고 있다는 것을 알려주시는 것입니다.

저는 사실 몇 년 전부터 하나님으로부터 기도에 대한 굉장히 강한 도전, 강권하심을 느끼고 있었습니다. 기도를 하지 않은 것은 아닙니다. 그런데 그것이 하나님이 원하시는 기도가 아니라는 느낌을 계속 받았습니다. 그러다가 지난 2018년에 하나님께서 도무지 기도하지 않으면 안 되는 구체적인 사인(sign)을 계

한 시간 기도로 살기

속 주셨습니다. 그래서 교우들과 함께 한 시간 기도를 시작한 것입니다. 겟세마네 동산에서 예수님이 제자들에게 하신 말씀을 가지고 우리가 적어도 한 시간은 기도해보자고 해서 시작한 것이 한 시간 기도운동입니다.

저도 실제로 한 시간 기도하는 생활을 철저히 하기 위하여 한 달 동안 칼럼 쓰는 일도 중단하고 한 시간 기도를 해보았습니다. 스케줄이 많아 한 시간을 따로 낸다는 것이 만만하지 않았습니다. 그런데 한 시간 기도를 꾸준히 하면서 깜짝 놀랐습니다. 저는 한 시간 기도가 힘든 것이라고 생각했습니다. 그런데 실제로 한 시간 기도를 순종해보니까 한 시간 기도가 주님과의 사랑의 교제임을 느낀 것입니다.

한 시간 기도 : 무거운 짐에서 쉬운 멍에로

제겐 무거운 짐이 많습니다. 제 능력으로 도무지 감당할 수 없는 것들입니다. 그런데 기도하러 주님 앞에 나아가니 그 짐을 주님 앞에 다 내려놓을 수 있었습니다. 하나님께서 저에게 힘을 주시려고, 진짜 쉼을 얻게 하시려고, 제게 주어진 모든 사역을 감당할 수 있는 능력을 주시려고 저에게 한 시간 기도를 하라고 말씀하셨다는 사실을 깨닫게 되었습니다. 그래서 교우들에게 "정말 '한 시간 기도'를 해보십시오"라고 말씀드렸습니다. 아직까지도 교우들 중에는 한 시간 기도를 무거운 짐을 하나 더 지는 것으로 생각하시는 분들이 있습니다. 실제로 제가 그랬기 때문에 충분히 이해합니다.

그러나 여러분, 순종하고 한 시간 기도를 해보십시오. 그러면 알게 됩니다. 매일 한 시간 기도하는 것은 무거운 짐을 하나 더 지는 것이 아니라 마음이 쉬면서 주님으로부터 새 힘을 공급받는 시간이었습니다. '이렇게 쉬운데 왜 진작 기도하지 못했을까?', '이처럼 기쁘고 놀라운데 왜 한 시간 기도하지 않았을까?', '이렇게 쉽게 살아갈 수 있는데 왜 그동안 누리지 못했을까?' 한 시간 기도를 통하여 정말 놀라운 눈이 뜨이게 됩니다. 그동안 얼마나 잘살아보려고 애썼습니까. 개인적으로 가정이나 교회 사역, 세상 일터에서 우리가 얼마나 힘들고 어려운 일들을 많이 겪습니까. 그런데 우리가 한 가지 안 해본 것은 정말 제대로 깊은 기도의 시간을 가져보지 않고 허겁지겁 살아온 것입니다.

한 시간 기도를 시작하면서 '우리 교회 모든 성도가 매일 한 시간 기도를 하면 우리 교회 안에 얼마나 놀라운 일이 벌어질까? 이 운동이 확산되어 한국 교회 성도들이 한 시간 기도하기 시작하면 한국 교회와 우리나라에 얼마나 놀라운 일이 벌어질까?' 생각해보니 제 가슴이 터질 것 같았고 한국 교회가 반드시 개혁될 것이라는 생각도 들었습니다. 물론 한 시간 기도를 실제로 하게 되는 과정이 만만치가 않습니다. 마귀는 우리가 그토록 놀라운 기도생활을 하게 되기를 원치 않기 때문에 계속 기도를 방해하고 기도를 부담스럽게 느끼도록 합니다. 그래서 예수동행기도 사이트(www.praywithjesus.org)를 만들어서 기도를 따라하기만 해도 한 시간 기도를 할 수 있도록 돕고 있습니다. 중요한 것은 한 시간 기도를 실제로 해보려고 하는 결단입니다.

한 시간 기도운동에 대한 여러 확증

교인들에게 한 시간 기도운동을 시작한다고 선포하자 놀랍게도 많은 분이 "주님이 저에게도 그렇게 말씀하셨어요"라고 하셨습니다. "특별한 기도를 하라", "이제는 비상한 기도를 하라", "제대로 기도하라" 그런 하나님의 마음을 다들 받으셨다는 것입니다. 또 동역하는 교회 직원도 저에게 메일을 보내어 한 시간 기도운동에 대해 권면하는 말씀을 듣고 자신의 영적 실상이 어떠한지 깨달았다고 하였습니다. 사랑하는 사람과 하루에 한 시간 꼭 만나 대화하고 교제하고 서로 사랑을 나누라고 하면 고민이 아니라 큰 기쁨일 텐데, 한 시간 기도가 부담스러운 것 자체가 너무나 죄스럽다고 그래서 회개한다는 고백을 해주셨습니다.

뉴질랜드에서 메일을 보내준 분도 계십니다. 지난 10년 동안 하루 한 시간 하나님 앞에 기도생활을 해온 분으로 사진을 한

장 첨부해 보내셨는데 처음에 저도 깜짝 놀랐습니다. 흉측해 보이는 발 사진이었어요. 그 분이 매일 한 시간씩 날마다 무릎 꿇고 기도하다보니 발이 쓸려서 발등에 굳은살이 박인 것입니다. 어느 날 아내가 그 모습을 보고 놀라며 "당신의 기도가 우리를 살렸어요"라고 하더랍니다. 이민생활의 어려움, 고국에서 들려오는 안타까운 소식들, 사업과 자녀교육 등 여러 해결하지 못한 문제들이 많았지만 그때마다 매일 하나님 앞에 나가 한 시간 기도함으로 어느 순간에 문제가 해결되고, 또 하나님이 너무나 선한 길로 인도하신 놀라운 간증을 써서 보내주셨습니다. 그러면서 한 시간 기도운동을 시작해주셔서 감사하다고 하셨습니다. 여러분, 이것이 여러분의 간증이 되기를 바랍니다.

지금이 기도의 적기입니다

어려운 일이 있을 때 한 시간 기도를 하자는 말을 들으면 반가울 것입니다. 그렇지 않아도 기도하고 싶은 마음이 간절한데 같이 기도하니까 얼마나 힘이 되겠습니까. 그렇지만 특별한 어려움이 없는 분들은 한 시간 기도운동이 부담스럽다는 생각이 들 것입니다. 그런데 그것이 정말 잘못된 생각입니다. 특별한 어려움이 없다는 것은 사실 우리 스스로가 속는 것입니다. 지금 당장 내게 어려움이 없다는 것이 실제로 어려움이 없는 것일까요?

정신을 차려야 합니다. 마귀가 우는 사자처럼 삼킬 자를 찾아 두루 다니고 있습니다. 그러니 몰라서 그렇지 우리는 항상 위험한 상황에 처해 있습니다.

우리가 기도 없이 살아가다보면 아무것도 아닌 것으로 계속 시험에 들고 맥없이 넘어지게 됩니다. 하지만 엄청난 문제를 겪으면서 시험에 들지 않는 사람도 있습니다. 그것은 평소 기도가 다르기 때문입니다. 평소 기도생활이 꾸준했던 사람은 어려운 고비를 넘깁니다. 다른 사람들이 무너질 수밖에 없는 상황이 와도 얼마든지 이겨나갈 수 있습니다. 그러니까 지금 나는 특별히 기도할 문제가 없다고 하시는 분들도 기도하셔야 합니다.

지금이 기도의 적기입니다. 기도를 하고 문제를 만나는 사람은 시험에 들지 않습니다. 시험에 들고 난 다음, 그때라도 물론 기도해야 하지만 기도 없이 살다가 아무것도 아닌 일이 시험이 되는 것은 참으로 안타깝습니다. 매일 한 시간 기도하는 것은 무거운 짐을 하나 더 지는 것이 아닙니다. 하나님께서 우리의 문제를 아십니다. 그래서 우리에게 쉼을 주시려고, 주님으로부터 새 힘을 공급받아 살게 하시려고, 어려움을 능히 감당할 수 있는 삶을 살게 해주시려고 우리를 기도생활로 이끄시는 것입니다. 여러분, 한 시간 기도를 실천해보시기 바랍니다.

_____
오늘의 기도 미션

1 저의 기도의 분량이 늘어나게 하소서.

2 거룩한 기도의 습관이 자리잡아 기도의 무릎으로 살게 하소서.

3 갑작스런 어려움을 만날 때 시험에 들지 않고 능히 이기게 하소서.

4 오늘도 한 시간 기도할 수 있는 기도의 은혜를 주소서.

한 시간 기도로 살기

03

마음이 하나 되어 기도하라

마태복음 18장 18-20절

박우영 목사

가정과 나라, 민족과 세계의 역사가 우리의 기도로 바뀔 수 있을까요? 하나님께서는 하나님의 뜻대로 구하는 기도를 통해 일하십니다. 그런데 문제는 우리가 하나님의 마음과 하나 되어 기도하지 않는다는 것입니다.

우리는 하나님의 마음을 구하기보다 자신의 뜻을 내세우며 기도하는 경우가 많습니다. 또 하나님의 마음으로 기도한다는 것을 자신의 뜻을 완전히 포기해야 하는 것으로 오해하기도 합니다. 그러나 하나님의 뜻을 구하며 기도한다는 것은 내 뜻을 포기한다는 것이 아니라, 하나님의 마음이 나의 마음과 하나로 묶인다는 것을 의미합니다.

여러분, 먼저 마음이 하나 되어 기도한다고 할 때 그 의미는 하나님의 마음을 구하며 하나님의 마음과 하나 되어 기도하는 것입니다. 그러니 진짜 하나님의 마음을 구해야 하는 것입니다. 하나님의 마음을 구하며 기도하기 시작했다면, 이제는 하나님의 자녀들이 연합하여 한마음으로 기도해야 합니다.

때때로 주님의 일을 기도 없이 할 수 있다고 생각하며, 자신의 능력을 의지해 나가는 사역자들과 성도들을 보게 됩니다. 그러나 실제로 기도해보면 자신의 한계를 넘어서도록 이끄시는 기도의 역사를 경험하게 됩니다. 마음이 하나 되어 기도해야 하는 이유가 무엇일까요? 이 세상에서 하나님의 마음을 구하며 하나님의 뜻대로 살아간다는 것은 세상의 흐름을 거슬러 사는 일입니다. 세상은 성도의 삶을 무너뜨리려 열심히 일합니다.

근신하라 깨어라 너희 대적 마귀가 우는 사자같이 두루 다니며 삼킬 그렇기에 하나님의 뜻을 따라 세상을 거스르는 일에 성도들의 기도의 연합이 필요한 것입니다. 혼자 기도하다보면 자기 삶의 문제에 갇혀 기도할 경우가 많습니다. 그런데 성도들이 모여서 두세 사람이 함께 기도하면 자신의 형편과 처지를 주님께 맡기고, 자신의 이기적 욕구에 걸려 넘어지지 않고, 하나님의 나라를 위해 계속 기도할 수 있습니다.

아말렉과의 전투에서 이스라엘이 승리할 수 있었던 것은 모세의 기도를 도와 아론과 훌이 연합하여 기도하였기 때문입니다. 그들이 서로 연합하여 기도했기 때문에 끝까지 기도할 수 있었습니다. 마음을 모아 연합하여 기도하면 문제를 뛰어넘을 뿐만 아니라 끝까지 기도하여 하나님의 승리를 맛보게 됩니다. 결국 하나님을 더 깊이 알아가는 기도로 나아가게 됩니다.

연합하여 기도할 때, 서로의 연약함을 품고 지지해줄 수 있습니다. 모세의 팔이 지쳐 내려올 때, 기도의 힘이 약해질 때는 아말렉이 힘을 얻고 이스라엘이 밀렸습니다. 그러나 아론과 훌이 함께 기도의 힘을 더할 때, 전세는 역전되었습니다. 이 영적 지혜를 놓치지 말아야 합니다.

여러분 중에 "나에게는 기도의 동역자가 없습니다", "나에게는 아론과 훌이 없습니다"라고 말할 분들이 있을 것입니다. 그렇다면 여러분, 주변에서 모세와 같은 기도자를 찾아보시기 바랍니다. 그리고 여러분이 아론과 훌이 되어 보는 것입니다. 하나님의 자녀 중에 이미 하나님의 나라와 의를 위한 기도의 삶을 먼저 시작한 분들이 있습니다. 그들을 찾아 함께 기도로 나가 보십시오. 하나님께서 그 기도의 연합을 통해 놀라운 일을 이루실 것입니다.

연합하여 드리는 기도의 산 역사

중국 내지 선교의 개척자였던 허드슨 테일러 선교사님이 노쇠하여 병상에 있을 때, 그가 중국 복음화 사역을 위해 18명의 선교사를 세우려고 했습니다. 그러나 그에게는 선교 동원을 할 어떤 여력도 남아 있지 않았습니다. 그래서 신문에 중국 복음화를 위해 18명의 선교사를 세우자는 기사를 내고 마음을 함께하는 분들은 1분씩만 기도해달라고 글을 올렸습니다. 이 기도를 통해 어떤 일이 일어났을까요? 복음화에 헌신한 18명의 선교사님이 세워지는 역사를 보았습니다. 그 일은 능력 있는 선교 동원가를 통해 이루어진 것이 아니라 성도의 기도의 연합을 통해, 오직 하나님을 신뢰함으로 마음을 모아 드린 기도를 통해 하나님이 일하신 것입니다.

1727년 헤른후트의 모라비안 공동체에서 '골든 썸머'라고 불리는 큰 부흥운동이 일어났습니다. 공동체 안에서 진정한 회개와 부흥의 역사를 경험한 이들이 모라비안 공동체와 세계 복음화를 위해서 매일 한 시간 밤낮으로 릴레이 기도하기를 약속했습니다. 그 이후 100여 년 동안 이 기도가 이어져 왔습니다. 골든 썸머 부흥은 18세기 영국과 미국의 1차 영적 대각성 부흥으로 이어졌고, 기도의 연합은 또 다른 기도의 연합을 일으켰습니다. 100여 년 동안 기도를 이어온 힘이 어디에 있겠습니까? 성령 안에서 마음이 하나 되어 기도했기 때문입니다.

합심기도의 능력

여러분, 연합하여 기도하는 일은 하나님께서 기뻐하시는 기도이고, 하나님께서 응답하시는 기도입니다.

진실로 다시 너희에게 이르노니 너희 중의 두 사람이 땅에서 합심하여 무엇이든지 구하면 하늘에 계신 내 아버지께서 그들을 위하여 이루게 하시리라 마 18:19

마음을 하나로 모아 기도하는 것은 우리가 선택할 수 있는 여러 기도의 방법 중 하나가 아니라, 그리스도인의 마땅히 기도해야 할 삶의 방식 그 자체입니다. 왜냐하면 예수 그리스도를 머리로 우리는 그분께 속하여 한 몸을 이루는 지체이기 때문입니다. 주님의 마음을 구하고 그 마음을 받아 기도한다는 것 자체가, 우리가 마음을 하나로 모아 기도해야 하는 이유 중의 이유인 것입니다.

혼자서 기도할 때 쉽게 그만두거나 자신의 삶에만 초점을 두고 기도할 때가 많은데, 기도회로 모여 성도들이 함께 기도할 때, 기도에 힘이 붙고, 심령이 뜨거워지고, 자신이 알지 못하는 사이에 기도의 제목이 바뀌는 것을 경험하게 됩니다. 우리가 마음을 하나로 모아 기도한다면 혼자서 돌파할 수 없었던 영적 장애물을 넘어서게 될 뿐 아니라, 하나님나라를 위한 하나님의 마음을 한 몸 된 교회에, 우리 각 사람에게 부어주실 것입니다.

매일 성도들이 연합하여 하나님의 마음을 구하며 마음이 하나 되어 기도한다면 어떤 일이 일어날까요? 놀랍게도 하나님의 임재를 강력하게 경험하게 되고, 두려움과 죽음의 공포 가운데 살던 삶이 풍성한 생명과 소망의 삶으로 바뀔 것입니다.

오늘의 기도 미션

1 하나님의 마음을 품고 성도들과 한마음으로 기도하게 하소서.

2 우리 교회와 공동체 안에 기도의 대연합이 일어나게 하소서.

3 아론과 훌 같은 기도의 동역자를 붙여주소서. 또한 모세와 같이 다른 기도자를
   세우는 통로가 되게 하소서.

4 오늘 한 시간 기도함으로 기도의 거룩한 습관을 갖게 하소서.

04

기도가 습관이 되게 하라

누가복음 22장 39,40절

박우영 목사

첫 기도만큼은 놓치지 마라

요즘 여러분의 기도생활은 어떠십니까? 내가 기도하면 놀라운 변화가 일어날 거라고 믿어지십니까? 아무런 역사도 일어나지 않을 것 같다는 회의에 빠져 있지는 않습니까? 그러다보니 심지어 자신을 위한 기도조차 하지 않는 것은 아닙니까?

한 시간 기도로 살기

여러분, 꼭 기억하셔야 할 것이 있습니다. 기도에는 놀라운 힘이 있습니다. 일상생활에 묻혀서 기도하지 않고 있다면 우리가 기도의 용사임을 다시 일깨워야 합니다. 우리는 매 순간 기도로 살아갈 수밖에 없는 존재입니다. 기도가 생명줄이기 때문입니다. 그러니까 기도만큼은 놓치지 말아야 합니다.

《제자도》(두란노)라는 책을 쓴 데이빗 왓슨은 기도에 관해 다음과 같이 말했습니다. "기도는 우리로 하여금 모든 일에 하나님을 신뢰하게 만들며, 성령이 우리를 예수 그리스도의 형상으로 변화시키는 데 길을 열어주고, 우리로 하여금 우리가 만나는 다른 사람들의 삶에 관심을 갖게 만든다." 요약하면, 기도는 우리가 하나님을 사랑하도록 이끌어주고, 성령 안에서 예수님을 닮아가도록 하며, 다른 이들의 삶에 사랑의 눈이 열리도록 이끌어간다는 것입니다. 그러니 그리스도인이라면 기도의 사람임에 틀림없고, 기도로 살 수밖에 없습니다.

예수님도 매일 이른 아침 하나님과의 교제, 즉 기도를 가장 중요하게 여기셨습니다. 하나님의 마음을 구하며 교제함이 없이는 그날 하루의 일과를 시작하지 않으셨습니다.

새벽 아직도 밝기 전에 예수께서 일어나 나가 한적한 곳으로 가사 거기서 기도하시더니 막 1:35

예수님은 이 아침의 기도로 시작하여 하나님의 나라를 선포하셨습니다. 예수님은 영적 습관을 따라 기도하셨습니다.

예수께서 나가사 습관을 따라 감람산에 가시매 제자들도 따라갔더니 그 곳에 이르러 그들에게 이르시되 유혹에 빠지지 않게 기도하라 하시고 눅 22:39,40

영적 습관을 따라 매 순간 기도하는 삶이 우리를 시험에 빠지지 않게 하는 것입니다. 우리는 매 순간 기도할 수밖에 없는 그리스도인입니다. 지금 그렇게 기도하고 있지 않다면, '나는 과연 그리스도인일까?'라고 질문해봐야 합니다. 기도하지 않을 때 진짜 두려운 일은 하나님의 마음을 구할 방법이 없다는 것입니다. 하나님의 마음을 그때그때 구하며 하나님의 뜻대로 살아야 하는데, 기도하지 않으면 그 길을 걷지 못하고 그 길을 잃어버리게 됩니다.

매 순간 기도로 살아간다는 것은 하나님의 성품을 알아가고, 그분의 마음을 더 경험하게 되는 것입니다. 그렇기 때문에 습관을 따라 매일 기도하면 기도의 응답에 초점이 있는 것이 아니라, 하나님과의 교제를 중요하게 여기며 기도하게 됩니다. 그것이 핵심입니다.

예수님처럼 기도가 습관이 되는 삶

여러분, 진짜 기도하십니까? 왜 기도하십니까? 여러분의 기도의 동기와 목적은 무엇입니까? 우리는 기도를 통해 이기적인 욕구를 이루려 기도를 시작하기도 하고, 감사한 일이 생기면 기도하기도 합니다. 그러다가 신앙의 훈련을 받으며 믿음이 자라나 하나님의 나라를 위해 기도해야 한다는 것을 깨닫고 기도하기도 합니다. 하지만 그러다가도 멈추는 기도가 있습니다. 열심히 기도하다가도 기도를 멈추고 더 이상 기도하지 못할 때가 있기 때문에, 우리는 기도로 사는 삶이 습관이 되어 우리에게 뿌리를 내리도록 그런 삶에 도전해야 합니다.

그런데 사실은 도전이 아닙니다. 하나님의 무조건적인 사랑을 깊이 누린다면 기도는 그냥 되어집니다. 그 한량없는 은혜에 그저 반응하는 기도, 기도가 하나님과의 교제이기 때문입니다. 내가 노력해서 되는 것이 아니라 대화하듯 저절로 되는 것입니다. 우리는 이 기도의 영적 습관을 세워나갈 필요가 있습니다. 기도는 큰맘 먹고 해야 하는 것이 아닙니다. 기도가 없으면 살 수 없는 삶, 기도로 사는 것이 우리의 존재 방식이기 때문입니다.

기도가 습관이 된다는 말은 기도를 통해 주님의 마음을 매 순간 알게 되고, 주님과 친밀히 교제하는 것이 너무나 당연해지는 것입니다. 하나님을 알아가는 기도, 하나님과 교제하는 기도의 특징은 하나님을 깊이 묵상하고, 그분의 성품을 누리고, 하나님의 사랑 안에 늘 거하면서 내가 기도한 것이 응답되는 것이 아니라 기도하는 나 자신이 변화되는 것입니다. 참 놀라운 은혜입니다.

우리가 매일 하나님의 마음을 구하며 기도하다보면 이것을 알게 됩니다. 우리가 잘못 구하는 기도는 있을 수 있지만, 응답이 없는 기도는 없다는 사실입니다. 하나님의 마음에 맞지 않기 때문에 응답이 없는 것처럼 보이고, 우리의 뜻이 이루어지지 않는 것처럼 보일 뿐, 사실 하나님의 뜻은 기도 가운데 분명히 이루어지고 있습니다.

영적 습관에 따라 기도하면, 기도 응답의 결과에 따라 기도가 이어지기도 하고 멈춰지기도 하는 정도의 수준을 넘어서게 됩니다. 응답이 없는 것처럼 보일 때라도 주님의 마음을 구하며 계속 기도하게 됩니다. 그 기도가 결국 성령님께 철저히 순종하는 삶으로 우리를 인도하고, 하나님의 성품을 맛보아 알아 기도를 지속하게 하는 것입니다.

내 기도의 주인은 성령님

그러면 어떻게 해야 영적 습관으로 기도를 세워나갈 수 있을까요? 이제 기도할 때 내 기도의 주인은 내가 아니라 성령님이심을 믿으시기 바랍니다. 성령님을 따라 기도하십시오. 무엇을 기도해야 하고 어떻게 기도해야 하는지 성령님께 물어야 합니다. 응답이 없어도 하나님의 뜻을 알게 되었다면 제대로 기도하고 있는 것입니다. 일방적인 기도를 멈추고 기도의 주인이 누구이신지 기억합시다.

여러분, 기도가 습관이 되지 않아 여전히 힘들고 어려우십니까? 기도가 안 된다고 여겨지십니까? 성령 안에서 기도하기를 구하십시오.

모든 기도와 간구를 하되 항상 성령 안에서 기도하고 이를 위하여 깨어 구하기를 항상 힘쓰며 여러 성도를 위하여 구하라 엡 6:18

성령님께서 우리의 기도를 도우시고 이끌어가십니다. 성령님을 전적으로 의지하여 기도하기 시작하면, 형식적인 경건의 모습만이 아니라 기쁨과 감사로 기도하게 되고, 소망이 능력이 되는 삶을 살게 될 것입니다. 개인의 기도에서 성도들이 연합하는 기도의 지경으로 나아갈 것입니다. 이 얼마나 놀라운 일입니까? 몸의 근육을 만들어가는 일도 매일 육체의 습관을 따르는 일상의 훈련이 필요합니다. 영적 기도의 근육을 붙여나가는 일에 시간을 구별하여 나아가십시오.

매일매일 예수님처럼 기도하기 시작할 때 성령님께서 도우십니다. 여러분, 하루의 기도를 채워보십시오. 하나님의 뜻을 따라 기도하시기 바랍니다. 성령님과 대화하며 성령 안에서 기도할 때 기도의 지경이 넓혀지고 하나님나라에 초점이 맞춰지는 은혜가 있으시기를 축복합니다.

오늘의 기도 미션

1 기도하는 나 자신이 변화되는 은혜를 경험하게 하소서.

2 성령 안에서 성령님이 주시는 생각과 마음을 따라 기도하게 하소서.

3 예수님처럼 기도가 습관이 되는 삶을 살게 하소서.

4 오늘 한 시간 기도할 수 있는 기도의 은혜를 주소서.

05

부르짖을 수 있는 은혜

예레미야서 33장 1-3절

심우인 목사

부르짖으면 응답하시는 아버지

기도하면서 누리게 되는 가장 큰 축복은 하나님을 "아버지"라고 부르는 것입니다. 기도는 하나님의 자녀인 우리가 아버지 하나님께 이야기하고 구하는 시간입니다. 우리가 하나님께 기도하면서 "아버지"라고 부르는 순간, 우리에게 허락된 이 은혜를 누리는 것입니다.

여기서 "너는 내게 부르짖으라"라는 말씀은 명령인 동시에 부르짖어도 된다는 허락과 같습니다. 하나님께서 허락하셨기 때문에 부르짖는 것이 가능합니다. 우리가 어떻게 감히 하나님께 부르짖는 사람이 될 수 있는 것일까요? 하나님이 우리의 아버지가 되시고, 우리가 하나님의 아들과 딸이 되었기에 가능한 것입니다. 하나님께 무엇이든지 언제든지 부르짖어도 되는 관계가 된 것입니다. 그래서 부르짖어 기도할 수 있는 그 자체가 놀라운 하나님의 은혜입니다.

여러분은 하나님께 부르짖는 축복을 마음껏 누리고 계십니까? 저는 세 아들을 키우다보니 밤에 깊이 잠들지 못할 때가 많습니다. 아이들이 저를 중간에 깨우기 때문이지요. "아빠, 물 먹고 싶어요", "화장실 같이 가요", "코피가 나요" 별의별 요구를 다 합니다. 그런데 저는 늦은 밤이든 새벽이든 상관없이, 아이들이 저를 부를 때마다 즉각 일어나 아이들의 요구를 들어줍니다. 제가 아이들의 아빠이기 때문입니다.

우리가 기도할 때마다 우리도 그런 아버지 하나님을 만날 수 있습니다. 기도의 내용, 시간, 장소 모두 상관없습니다. 우리가 하나님께 부르짖는 그 자리에서 우리의 기도를 들어주시는 아버지 하나님을 만나는 것입니다.

부르짖음에 응답하신다는 성경의 약속

성경 곳곳에 기도할 때 부르짖으라는 내용과 하나님께서 그 기도를 들으신다는 내용이 나옵니다. 한 예로 출애굽기를 보겠습니다. 애굽에 거주하던 이스라엘 백성이 크게 번성하자 두려움을 느낀 애굽 왕은 이스라엘 백성 중에 사내아이가 태어나면 그 아이를 즉시 죽이는 끔찍한 만행을 저질렀습니다. 그때 이스라엘 백성은 하나님께 부르짖기 시작했습니다. 하나님께서는 그 부르짖음을 들으셨습니다.

여호와께서 이르시되 내가 애굽에 있는 내 백성의 고통을 분명히 보고 … 부르짖음을 듣고 그 근심을 알고 내가 내려가서 … 건져내고 … 인도하여 … 데려가려 하노라 출 3:7,8

하나님은 이스라엘의 고통을 보셨고, 그들의 부르짖음을 들으셨으며, 그들에게로 내려가 그들을 건져내시고, 그들을 인도하여 가나안 땅으로 데려가셨습니다. 하나님은 지금도 다급하고 간절한 마음으로 부르짖어 기도하는 우리의 기도를 전부 듣고 계십니다. 이뿐만 아니라 하나님께서 우리의 부르짖음에 응답하신다는 구절이 성경 곳곳에 기록되어 있습니다.

내가 나의 목소리로 여호와께 부르짖으니 그의 성산에서 응답하시는도다 시 3:4

내가 환난 중에서 여호와께 아뢰며 나의 하나님께 부르짖었더니 그가 그의 성전에서 내 소리를 들으심이여 그의 앞에서 나의 부르짖음이 그의 귀에 들렸도다 시 18:6

내가 내 음성으로 하나님께 부르짖으리니 내 음성으로 하나님께 부르짖으면 내게 귀를 기울이시리로다 시 77:1

부르짖을 때 기도의 문이 열린다

부르짖는다는 것은 그 사람이 아주 고통스럽거나 다급한 상황에 처해 있다는 것을 전제합니다. 힘들고 어려운 상황일 때 부르짖는 기도가 많이 흘러나옵니다. 그리고 그런 기도 속에 성령의 역사가 강하게 나타나는 것을 보는데, 안타까운 것은 많은 성도가 형편이 어려울 때는 기도 소리가 커지다가, 형편이 조금 나아지면 기도 소리 역시 서서히 작아진다는 것입니다. 그러면서 기도가 힘을 잃어가고, 성령의 역사로부터도 멀어지는 것을 보게 됩니다. 이런 우리 육신의 연약함과 나태함이 있기에, 하나님께서는 우리에게 부르짖는 기도, 즉 간절히 하나님께 나아오는 기도를 하라고 하십니다.

혹시 여러분 중에 정말 부르짖어 기도해야 하는 형편인데도 '기도가 안 된다', '기도 못 하겠다'라고 하는 분이 계십니까? 그 때가 바로 정신을 바짝 차리고 부르짖어 기도할 때입니다. 많은 사람이 기도의 문이 열려야 부르짖을 수 있지 않느냐고 이야기합니다. 그런데 기도의 문이 열려야 부르짖을 수 있지만, 반대로 부르짖을 때 기도의 문이 열리기도 합니다.

한 번은 몸도 마음도 굉장히 지쳐 있을 때, 교역자 수련회에 가게 되었습니다. 저녁 기도회 시간이 되었는데도 역시나 심령이 너무 답답했고 기도의 문이 막힌 느낌이었습니다. 기도가 잘 안 되었지만 기도의 자리에서 그냥 일어서고 싶지 않았습니다. 무릎을 꿇고 "주여, 주여" 하며 주님의 이름을 계속 불렀습니다. 처음에는 의지적으로 소리를 내었지만, 계속해서 주님의 이름을 부르는 제 심령에 뜨거운 불이 임하기 시작했습니다. 힘없이 외치던 소리에 점점 힘이 붙기 시작하고, 깊숙한 곳에서부터 터져 나오는 간절한 외침이 되었습니다. 그날 기도의 회복을 경험했습니다.

기도가 되지 않고, 기도가 막혀 있는 것 같은 상황일지라도, 부르짖어 기도하는 일을 시작하면 우리의 기도의 문이 열리는 것을 경험할 수 있습니다. 여러분 중에 어떤 분들은 내게는 부르짖을 기도의 제목이 없다고 말씀하는 분도 있을 수 있습니다. 그러나 우리의 눈이 열리고 나면, 우리에게는 부르짖어 기도할 제목이 너무 많다는 것을 알게 될 것입니다. 이 나라, 교회, 사회의 형편을 향한 기도가 그 한 예입니다. 내 형편과 처지는 특별히 부르짖을 일이 없어도, 먼저 그 나라와 의를 위하여 애통하며 기도하는 것은 성령의 역사가 아니면 불가능한 일입니다. 하나님께서 우리 마음 깊은 곳에서 나오는 부르짖음을 주시도록, 하나님의 역사를 이룰 그 기도를 하게 해주시기를 기도합시다.

오늘의 기도 미션

1 자녀의 권세로 아버지 하나님 앞에 부르짖어 기도하게 하소서.

2 기도의 답답함과 막힘이 오늘 다 풀어지게 하소서.

3 지금이 간절히 부르짖어 기도할 때임을 알게 하시고, 기도하면서 강력한 주의 은혜와 역사를 경험하게 하소서.

4 오늘도 한 시간 기도함으로 기도의 거룩한 습관을 갖게 하소서.

06

항상 성령 안에서 기도하라

에베소서 6장 18절

심우인 목사

많은 사람이 한 시간 기도가 어렵다고 말합니다. 왜 그런 이야기를 할까요? 기도 자체는 어렵지 않습니다. 그러나 대부분 기도해도 기도의 능력을 경험하지 못하기 때문에 기도를 어려워하고 힘들어하는 것입니다. 그렇다면 어떻게 해야 기도의 능력을 경험할 수 있을까요? 성령 안에서 기도하는 것을 훈련해야 합니다. 성경을 읽어보면 그냥 기도하라고 하지 않고 "성령 안에서 기도"하라고 기록되어 있습니다.

온갖 기도와 간구로 언제나 성령 안에서 기도하십시오. 이것을 위하여 늘 깨어서 끝까지 참으면서 모든 성도를 위하여 간구하십시오.

엡 6:18 새번역

성령 안에서 기도하라는 것은 무엇인가요? 첫째, 인간적인 열심과 노력으로 기도하지 말라는 뜻입니다. 인간적인 열심과 노력으로 하는 기도는 기도가 되지도 않고 금방 지치게 됩니다. 그리고 기도한다 해도 주님이 쓰시는 기도자가 될 수 없습니다. 성령 안에서 기도하는 사람은 결코 자기의 의를 드러내지 않고, 그의 삶에 맺어진 성령의 열매로 인하여 주변 사람들에게 좋은 평가를 받게 됩니다.

'기도하는 사람은 정말 좋은 사람이구나', '기도하는 사람을 닮고 싶다', '나도 그렇게 기도하고 싶다'라는 마음이 일어나는 역사는 성령 안에서 기도하는 사람에게만 나타납니다. 그러나 개인적인 열심과 노력으로 기도하는 사람도 있습니다. 그런 사람들의 특징은 기도를 많이 하는 것을 자랑합니다. 교만하고 거칩니다. 이것은 진정으로 성령 안에서 기도하는 사람의 증거가 아닙니다.

자기 생각대로 기도하지 말라

둘째, 자기 생각대로 기도하지 말라는 뜻입니다. 기도하다가 낙심하는 이유는 자기 생각대로 기도하고, 자기가 원하는 대로 응답되기를 바라기 때문입니다. 내가 생각한 대로 응답되지 않으니 '기도해도 소용없다', '기도해도 안 된다' 이렇게 생각하며 낙심하는 것입니다. 그러나 성령 안에서 기도하는 것은 전적으로 성령의 인도함을 따라 기도하는 것입니다. 성령 안에서 기도하면 주님의 마음과 생각이 부어지고, 그 기도는 우리의 기도를 강하게 이끌어줍니다.

청년 사역을 할 때, 기도하는 가운데 감당할 수 없는 주님의 마음을 느낀 경험이 있습니다. 그 마음은 애통함이었습니다. 죄에 무너진 채 복음의 능력과 은혜를 전혀 누리지 못하며 살고 있는 청년들을 향한 애통함이었습니다. 너무 마음이 아파 새벽마다 강단에서 울부짖으며 기도했습니다. 한 달 정도 청년들의 이름을 한 명 한 명 부르며 결코 죄에 무너지지 말고, 복음의 영광과 능력 가운데 살게 해달라고 기도했습니다. 그러던 어느 날 제가 얼마나 애통해하며 기도했는지 한 청년이 찾아와 걱정스럽게 물었습니다. "전도사님, 가정에 무슨 어려움이 있으세요? 왜 새벽마다 그렇게 울면서 기도하세요?"

그때를 생각하면 제 마음은 주님의 마음으로 채워져 있었음을 고백할 수 있습니다. 지금도 기도할 때마다 주님의 생각과 마음을 구하며 기도합니다. 그러면 주님이 놀랍게 기도를 이끌어 가시는 것을 경험합니다. 우리가 하나님 앞에 나아가 성령님께서 주시는 마음과 생각으로 기도하는 것이 바로 성령 안에서 기도하는 것입니다. 성령 안에서 기도하면, 우리에게 주님의 마음이 부어집니다.

주님과 친밀한 관계 안에서 기도하라

셋째, 성령 안에서 기도한다는 것은 주님과의 친밀한 관계 안에서 기도하는 것을 말합니다. 우리가 기도하기 힘든 이유는 주님과의 관계가 친밀하지 않기 때문입니다. 기도의 자리에 앉았을 때만 주님과 대화하려고 하기 때문에 친밀하지 않은 주님과 대화를 이어나가기 어렵습니다. 그런데 주님과 관계가 깊어지기 시작하면 기도는 기쁨이 됩니다. 사랑하는 사람을 만나 자꾸 대화하고 싶은 것처럼 말입니다.

하루는 초등학교에 다니는 큰아들과 기도에 관한 대화를 나눴습니다. 아이가 말하길, 기도하려고 자리에 앉으면 하나님이 늘 먼저 자기 이름을 불러주신다고 하는 것입니다. 그러면 아이가 그때부터 하나님과 대화를 나누기 시작하는데, 하나님이 기도할 제목들을 허락하신다는 것입니다. 아이가 그렇게 기도를 하면서 '기도는 하나님과의 대화구나'라는 것을 깨달았다고 합니다. 아이가 너무 기쁘게 그 이야기하는 것을 들으면서, 저 또한 아무리 어린아이라도 주님과의 교제가 열리면, 기도의 자리가 기쁨임을 알게 된다는 것을 깨달았습니다.

하나님의 얼굴을 구하는 기도 시간

마지막으로 기도 시간은 우리가 하나님의 얼굴을 비비는 시간입니다. 어느 목사님께서 9개월 된 손자와의 경험을 이야기하셨습니다. 목사님이 낮에 잠깐 쉬려고 누웠는데, 얼굴에 무언가 자꾸 부딪치는 느낌이 들어서 눈을 떠보니 9개월 된 손자가 자기 얼굴을 목사님 얼굴에 비비고 있었다고 합니다. 자는 척하고 가만히 있었더니 다른 곳으로 가서 혼자 놀다가 다시 와서 목사님에게 얼굴을 비볐습니다. 그렇게 계속해서 반복하며 노는 아이를 보면서, 그 아이가 너무 사랑스러워서 그만 홀딱 반하고 말았습니다. 목사님은 '저 아이를 위해서는 못할 일이 없겠고, 아낄 것이 없겠다'는 마음이 생기셨다고 합니다.

이와 같이 기도는 친밀한 아버지 하나님과 얼굴을 비비는 시간입니다. 우리가 삶의 자리에서 하나님께 다가가 하나님의 얼굴에 내 얼굴을 비빈다고 생각해보십시오. 하나님께서 우리를 얼마나 귀여워하시며, 그런 자에게 하나님께서 무엇을 아끼시겠습니까? 기도하는데, 한 시간을 못 하여도 낙심하거나 부끄러워하지 마시기 바랍니다. 한 시간을 기도하려고 애를 쓰는 것만으로도 하나님을 기쁘시게 할 수 있습니다.

이제부터 '성령 안에서' 기도하시기 바랍니다. 우리의 목표는 단순히 기도를 많이 하는 것이 아닙니다. 기도를 한 시간 해야겠다는 목표에 도달하는 것도 아닙니다. 성령 안에서 기도하는 것을 훈련하는 것이 우리의 목표입니다. 그러면 기도의 기쁨을 경험하고, 성령의 역사하심을 경험하게 될 것입니다. 여러분 모두가 이 일에 증인이 되시기를 축복합니다.

오늘의 기도 미션

1 오늘도 기도를 도우시고 이끄시는 성령님을 의지하여 기도하게 하소서.

2 기도하는 나의 삶에 성령의 열매가 맺어지게 하소서.

3 오늘 하루 수시로 하나님 아버지의 얼굴을 부비는 삶을 살게 하소서.

4 오늘도 한 시간 기도함으로 기도의 거룩한 습관을 갖게 하소서.

07

하나님이
기뻐하시는 기도
야고보서 5장 15-18절

김영동 목사

기도의 목적

우리가 신앙생활을 하다보면 기도에 대해 오해할 때가 많습니다. 하나님을 마치 알라딘의 요술 램프 같은 존재로 여기며, 필요할 때 찾기만 하면 우리의 필요와 문제를 해결해주는 존재로 생각합니다. 그래서 우리는 기도할 때 반드시 우리 기도의 목적을 분명히 점검해야 할 필요가 있습니다.

"목사님, 기도에 무슨 목적이 있나요?"라고 말씀하시는 분도 계실지 모르겠습니다. 하지만 우리의 기도가 단순히 문제 해결과 응답에만 초점이 맞춰져 있다면 기도에 대한 좌절이 찾아오기 쉽습니다. 며칠 전 아들과 대화를 하는데, 요즘 매우 속상하다는 것입니다. 이유인즉, 하나님께 코로나 바이러스 전염병이 빨리 끝나 학교에도 가고, 교회학교에도 가게 해달라고 기도하고 있는데, 하나님께서 자신의 기도를 들어주시지 않는다는 것입니다. 그러면서 이렇게 물어보는 것입니다.

"왜 하나님이 내 기도를 안 들어줄까?"

"하나님이 안 계신가?"

"나를 사랑하지 않나?"

여러분, 하나님이 정말 계시지 않아서, 우리를 사랑하지 않아서 기도를 들어주지 않는 건가요? 아닙니다. 제 아이의 기도는 문제 해결과 응답에만 초점이 맞춰져 있기 때문에 저런 생각을 한 것이지요. 우리도 마찬가지입니다. 우리가 기도했을 때, 아무런 응답이 없으면 마음에 영적 좌절만 찾아올 뿐입니다. '내 기도에는 힘이 없어', '기도해봤자 소용없는데 기도할 필요가 뭐가 있어?'라고 기도의 자리를 떠나게 됩니다.

그러니 여러분, 기도의 목적을 분명히 하시기 바랍니다. 기도는 근본적으로 응답이 목적이 아니라 하나님과의 교제가 목적입니다. 하나님과의 교제가 우선시되지 않고 응답에만 초점을 맞춰 기도할 경우 응답해주시면 감사하지만, 응답되지 않을 때 영적인 침체에 빠질 수 있습니다. 하지만 기도는 단순히 내가 원하고 바라는 것을 "하나님, 들어주세요"라고 말하는 시간이 아닙니다. 우리와 함께하시는 주님과 친밀히 교제하는 시간입니다. 하나님을 만나 기쁨을 누리는 시간입니다.

믿음의 기도의 증인

믿음의 기도는 병든 자를 구원하리니 약 5:15

많은 그리스도인이 기도하지만 진정 믿음으로 기도하지 못할 때가 많습니다. '내 기도를 주님이 들으실까?', '내 기도는 언제 응답될까?'라는 생각으로 결국 초점을 응답에 맞추어 믿으려 하기 때문입니다. 그러니 믿음이 안 생기는 것입니다. 하나님이 기뻐하시고 원하시는 기도는 주 예수님을 온전히 믿는 것입니다. 우리는 응답이나 어떤 기적을 믿는 것이 아니라 지금도 내 삶 속에 함께하시고 역사하시는 주 예수님을 믿어야 합니다.

야고보 사도는 믿음의 기도에 대한 증인으로 엘리야를 이야기합니다.

엘리야 선지자나 우리나 특별히 다른 것이 없는 사람입니다. 그러나 엘리야에게는 엄청난 기도의 능력이 있었습니다. 엘리야가 하나님께 비를 내리지 말아달라고 기도하니 3년 6개월 동안 비가 오지 않았고, 다시 비가 내리게 해달라고 기도하니 비가 오는 역사가 일어났습니다. 그런데 엘리야의 기도 역사는 쉽고도 간단했습니다. 그는 늘 하나님과 함께했고, 하나님과 친밀히 거하는 것이 그의 일상이었습니다. 기도는 힘든 것이 아닙니다. 기도를 쥐어짜면서 하는 것이 아니라 일상의 삶 속에서 주님을 바라보며 하나님과 대화하는 것입니다.

갈멜산에서 대결하는 엘리야와 바알과 아세라 선지자의 기도 장면을 통해서도 우리는 잘못된 기도의 표본을 볼 수 있습니다. 산 위에 제단을 쌓고 그 위에 송아지를 잡아 올려놓고 각자 자기가 믿는 신에게 기도합니다. 하지만 바알과 아세라 선지자에게 아무런 응답이 없습니다. 그들이 바알의 이름을 부르며 큰소리로 기도합니다. 성경은 그들의 모습을 이렇게 묘사합니다.

이에 그들이 큰소리로 부르고 그들의 규례를 따라 피가 흐르기까지 칼과 창으로 그들의 몸을 상하게 하더라 이같이 하여 정오가 지났고 그들이 미친 듯이 떠들어 저녁 소제 드릴 때까지 이르렀으나 아무 소리도 없고 응답하는 자나 돌아보는 자가 아무도 없더라 왕상 18:28,29

그들은 큰소리로 기도할 뿐 아니라 몸에 자해까지 하며 기도했지만 아무 응답이 없습니다. 모든 종교가 이렇게 열심히 기도합니다. 몸을 상하게 하고 피를 흘려야 정성에 응답한다고 생각합니다. 그러나 엘리야의 기도를 보십시오.

아브라함과 이삭과 이스라엘의 하나님 여호와여 주께서 이스라엘 중에서 하나님이신 것과 내가 주의 종인 것과 내가 주의 말씀대로 이 모든 일을 행하는 것을 오늘 알게 하옵소서 여호와여 내게 응답하옵소서 내게 응답하옵소서 이 백성에게 주 여호와는 하나님이신 것과 주는 그들의 마음을 되돌이키심을 알게 하옵소서 왕상 18:36,37

엘리야의 기도는 조용했습니다. 모든 백성을 가까이 모이게 하고, 무너진 여호와의 제단을 다시 쌓았습니다. 그다음 엘리야가 한 모든 행동은 하나님께서 말씀하신 것을 듣고 그대로 행한 것밖에 없었습니다. 이처럼 기도는 하나님과 함께하고 그분의 음성을 듣는 데서부터 시작되는 것입니다.

기도는 하나님 아버지 품에 거하는 시간입니다. 하나님과 친밀하게 대화할 수 있는 것이 기도의 축복이고, 엄청난 기도의 능력입니다. 응답은 그다음입니다. 내 상황과 환경에 집중하며 분주하게 살아왔던 것들로부터 내 시선을 주님께로 향하는 시간이 바로 기도의 시간입니다. 기도를 통해 주님과 더 친밀해지는 것입니다. 내가 아무리 좋은 사람을 만나도 주님과 함께하는 그 시간만큼 좋을 수는 없습니다.

저에게는 태어난 지 한 달 된 셋째 아이가 있습니다. 그 아기가 기뻐하고 안정감을 느끼는 시간이 언제일까요? 맞습니다. 엄마 아빠 품에 있을 때입니다. 그 이상으로 아이가 안정감을 누리고 편안할 때는 없습니다. 사랑하는 사람과 함께하는 그 자체가 기쁨이기 때문입니다. 하나님과 교제하는 기도의 자리에 여러분을 다시 한번 초청합니다. 주님께서 허락하시는 기도의 놀라운 은혜를 경험하시기 바랍니다.

오늘의 기도 미션

1 이방신을 섬기는 자들과 같이 내 열심으로 기도하는 기도생활을 그치게 하소서.

2 엘리야와 같이 주의 음성을 듣고 그에 순종하는 기도생활을 하게 하소서.

3 주님과 함께하는 기도 시간이 가장 기쁘고 감사한 기도자가 되게 하소서.

4 오늘도 한 시간 기도함으로 기도의 거룩한 습관을 갖게 하소서.

08

기도와 회개

야고보서 5장 15-18절

김영동 목사

깨끗하게 하실 것이요

이 세상을 살면서 가장 큰 복이 무엇일까요? 바로 내가 죄인임을 깨닫는 것입니다. 내가 죄인임을 깨닫고 그런 나를 위해 십자가에 못 박혀 돌아가신 예수님을 믿는 것보다 더 큰 복이 어디 있을까요? 우리는 예수님의 십자가로 죄인에서 의인으로 신분이 바뀌었습니다. 죄인인 우리가 의인이 될 길이 분명히 열려 있습니다. 내가 죄인이라는 것을 깨닫고 나를 위해 죽으신 예수님 안에서 회개하는 자는 분명 의인입니다.

만일 우리가 우리 죄를 자백하면 그는 미쁘시고 의로우사 우리 죄를 사하시며 우리를 모든 불의에서 깨끗하게 하실 것이요 요일 1:9

우리가 우리의 죄를 자백하면 하나님께서 우리를 모든 불의에서 깨끗하게 하신다고 말씀하십니다. 하지만 정말 안타깝게도 자신이 죄인이라는 것을 깨닫지 못하고 괜찮은 척하며 살아가는 사람들이 너무 많습니다. 분명히 주님은 우리에게 기쁨과 평안을 누릴 수 있는 길을 허락해주셨습니다. 바로 회개입니다. 그러므로 기도할 때는 죄를 고백하는 것이 매우 중요합니다.

저도 처음에는 회개가 고통스러운 것인 줄 알았습니다. 그러나 회개를 경험하고 나니 회개는 마치 깨끗이 목욕하는 것과 같았습니다. 여러분, 더운 날씨에 씻지 말라고 하면 그것이 더 힘들지 않습니까? 동일합니다. 내 안에 습관적으로 짓는 죄의 문제가 있다면 그 즉시로 회개할 때라는 것입니다. '습관적인 죄에 또 넘어졌네', '나 같은 사람은 예수님 믿어도 안 되는구나' 하며 괴로워할 것이 아니라 죄에 넘어질 바로 그때가 주님을 찾고 부르짖을 때라는 것입니다.

과거 초대교회 시대에는 지금처럼 의학이 발달하지 않았기 때문에 할 수 있는 것이라고는 병든 사람을 위해서 기도하는 것밖에 없었습니다. 그러나 분명한 것은 초대교회 성도들이 서로 모여 큰 소리로 울며 열심히 기도했더니 능력이 나타난 것이 아니라, 자신의 죄를 먼저 자백할 때 기도의 능력이 나타났다는 것입니다.

그러므로 너희 죄를 서로 고백하며 병이 낫기를 위하여 서로 기도하라 의인의 간구는 역사하는 힘이 큼이니라 약 5:16

여러분, 회개가 곧 하나님과의 관계를 회복하는 기쁨이 됩니다. 우리가 예수님을 믿는데도 기도가 막히거나 행복하지 못한 이유가 다른 데 있는 것이 아닙니다. 여전히 해결되지 않은 죄 문제로 인해 해결되지 않은 주님과의 관계 때문입니다. 하나님께서 우리 가운데 뜨겁게 역사하시고 싶어도 역사를 못 하시는 것도 우리에게 죄를 해결하고자 하는 분명한 결단이 없기 때문입니다. 우리가 여전히 죄악 가운데 있어서 하나님의 은혜를 경험하지 못하는 것입니다.

우리가 잘 아는 위대한 왕 다윗도 간음과 살인죄를 저질렀습니다. 안타까운 것은 다윗도 죄를 짓고 죄에 대해 둔감할 때가 있었다는 것입니다. 그는 죄를 짓고도 하나님 앞에 제사를 드리고 나라를 다스렸습니다. 자신이 죄를 지었다는 것을 스스로 깨닫지 못했습니다. 그러나 다윗은 지금까지 추앙을 받는 이스라엘의 왕입니다. 그가 이스라엘의 위대한 왕이 되고 끝까지 하나님의 사랑을 받을 수 있었던 것은 그의 죄가 드러났을 때 그의 태도가 달랐기 때문입니다.

나단 선지자가 다윗의 죄를 말했을 때, 다윗은 바로 회개하며 주님 앞에 섭니다. 죄인이라는 것을 깨닫고 나서 죄를 숨기거나 핑계대지 않았습니다. 그 즉시 주님 앞에 무릎을 꿇고 자신의 죄를 솔직하게 인정했습니다. 이것이 회개의 핵심입니다. 우리는 육신을 가지고 살기 때문에 욕심, 정욕, 교만함이 누구에게나 있습니다. 그러니 죄를 숨기지 않고 죄를 깨닫게 해주실 때 주님을 찾는 것이 은혜입니다.

여러분, 죄를 깨닫고도 회개하지 않는 것만큼 큰 죄가 없습니다. 다윗은 자신의 죄를 신하들 앞에서 공개적으로 회개했습니다. 왕의 신분을 내려놓고 죄를 고백함으로 그가 회복된 것입니다. 다윗은 용서해달라고 기도한 것이 아니라 깨끗하게 해달라고 기도했습니다. 용서해달라는 기도는 누구나 할 수 있습니다. 그러면 이미 지은 죄를 어떻게 깨끗하게 할 수 있나요? 우리는 어떻게 하면 죄를 해결받게 되는지 분명히 알고 있습니다. 예수 십자가의 놀라운 은혜, 그 은혜가 우리의 모든 죄를 깨끗하게 씻어주셨음을 믿고 기도의 자리에 나아가 회개하면 됩니다. 주님 앞에서 죄를 분명히 해결하면 되는 것입니다. 여러분, 건성으로 회개해서는 안 됩니다.

죄를 이기는 완전한 은혜와 능력이 주님께 있다

너희는 하나님으로부터 나서 그리스도 예수 안에 있고 예수는 하나님으로부터 나와서 우리에게 지혜와 의로움과 거룩함과 구원함이 되셨으니 고전 1:30

예수님은 의로움, 거룩함, 구원함으로 우리에게 나타나셨고, 우리에게 죄를 이기는 완전한 은혜와 능력을 주셨습니다. 죄의 유혹에 넘어질 때도 내가 붙잡을 것은 넘어진 내 자신이 아니라, 주님 앞에 나아가 이 모든 죄를 회개할 때 주님이 용서해주신다는 믿음입니다. 우리가 진짜 바라야 하는 것은 나와 언제나 함께하시는 예수님 안에 거하는 것입니다.

저는 요즘 기도할 때 인터넷 뉴스를 분별해서 봐야 한다는 마음을 깨닫게 하십니다. 분주하고 허전한 마음이 들 때 습관적으로 인터넷 뉴스를 열어 봅니다. '이 정도는 괜찮은 것 아닌가?' 생각할 일이 아니라 내가 무엇으로 나를 채우고 있는지 매 순간 분별해야 합니다. 무심히 모든 일상을 넘기지 마시기 바랍니다. 죄에 사로잡히지 않는 삶을 사시기 바랍니다. 주님이 언제나 함께하십니다.

오늘의 기도 미션

1 주의 보혈을 의지하여 회개하고 정결함을 얻게 하소서.

2 늘 깨어 기도하며 거룩하고 선한 것으로 내 마음과 생각을 채우게 하시며, 그리하여 습관적인 죄에서 온전히 벗어나게 하소서.

3 의인의 간구는 역사하는 힘이 크다고 하신 말씀의 증인이 되게 하소서.

4 오늘도 한 시간 기도함으로 기도의 거룩한 습관을 갖게 하소서.

09

감사함으로 기도하라
골로새서 3장 15~17절

고성배 목사

감사가 터져 나오는 기도의 강력한 능력

평소 기도하실 때 기도의 서두를 어떻게 시작하십니까? 대부분
"하나님 아버지, 감사합니다!"라며 기도하지 않으십니까? 이것
은 장례 예식에서도 예외가 없습니다. 장례식장에서 대담하게
'감사'를 표현할 수 있는 것은 아마 그리스도인밖에 없으리라 생

각이 듭니다. 누군가는 습관이라고 말할지 모르지만, 저는 감사가 그리스도인의 귀한 특권이자 능력이라고 생각합니다.

우리가 기도할 때 얻는 가장 강력한 능력이 감사하게 된다는 것입니다. 하나님 앞에 나와 기도할 때 여러분의 마음속에서 감사가 터져 나온다면 아주 강력한 기도자가 된 것입니다. 우리는 기도한 후 그 기도가 이루어진 것을 보고 응답을 받았다고 합니다. 그런데 기도가 이루어지기 전에 우리 안에서 감사가 터져 나올 때도 응답받았다고 할 수 있습니다. 하나님께 기도했는데 마음속에서 이미 이루어졌다고 믿어져서 감사하고, 그것이 설령 이루어지지 않아도 내 마음에 이미 충분하다고 깨달아져서 감사하게 되기 때문입니다. 이런 기도가 강력한 기도입니다. 이런 진정한 감사는 기도할 때만 나옵니다.

그리스도의 평강이 너희 마음을 주장하게 하라 너희는 평강을 위하여 한 몸으로 부르심을 받았나니 너희는 또한 감사하는 자가 되라 골 3:15

기도는 왜 하는 것일까요? 주님의 평강이 내 마음을 주장하시도록 하기 위해서입니다. 기도하면 마음에 놀랍도록 평강이 넘치고, 하나 되는 역사가 일어납니다. 더 나아가 감사하게 됩니다. 이것이 기도의 힘입니다. 우리가 기도할 때 단지 기도만 하는 것이 아닙니다. 반드시 성령의 역사가 우리 안에 일어나기 시작합니다. 감사가 안 되는 환경 속에서 감사가 되는 기적이 일어납니다. 그래서 기도하면 가장 먼저 감사가 떠올라야 합니다.

보통 기도하면 '열심히', '뜨겁게', '간절히' 이런 단어들이 떠오릅니다. 물론 그렇게 기도하는 것도 중요합니다. 하지만 의지적인 노력이나 감정은 시간이 지나면 지치고 식기 마련입니다. 항상 뜨겁고 간절하게 기도할 수는 없습니다. 우리가 기도에 지속적으로 힘을 얻어 평생 기도의 삶을 살아가려면 열심만이 아니라 감사의 기도가 있어야 합니다. 감사의 기도가 우리의 기도를 아주 강하게 만듭니다.

감사와 영적인 성숙

감사는 우리가 영적으로 얼마나 성숙한지를 보여줍니다. 저에게는 어린 딸들이 있습니다. 아이들이 해달라는 게 참 많습니다. "아빠, 물 줘", "그림 그려줘", "안아줘", "사탕 사줘" 등 많은 요구를 합니다. 그런데 이 아이들이 다 큰 어른이 되어서도 이런다면 어떨까요?

우리가 기도할 때도 그렇습니다. 하나님은 우리가 어린아이와 같이 달라고만 하는 기도를 드려도 외면하지 않으십니다. 하지만 믿음이 자란 후에도 계속 그런 기도를 드리면 하나님은 그 기도에 역사하지 못하십니다. 역사하신다고 해도 어린아이에게 할 수 있는 정도로 해주실 것입니다. 여러분의 기도에 강력한 감사가 있습니까? 더 구할 것이 없는 깊은 감사가 있다면, 하나님께서 여러분에게 더 큰 것을 맡기실 것입니다. 왜냐하면 이미 영적으로 성숙해서 능히 감당할 수 있기 때문입니다.

사역을 하다가 되는 일이 없고, 밤낮없이 사역하는데도 열매가 없고, 교회나 가정에서 더 힘들어지는 최악의 상태에 놓였던 적이 있습니다. 영과 육이 매우 지친 상태에서 사순절 특별새벽기도회 기간을 맞이하게 되었습니다. 지친 상태로 사역을 감당하던 어느 날 새벽, 갑작스럽게 하나님께서 10년 전 저의 모습을 생각나게 하셨습니다. 결혼에 대해 꿈도 못 꿨던 그때, 목사가 되리라고는 생각지도 못 할 정도로 밑바닥 신앙이었던 제가 시간이 지나고 보니 결혼해서 가정을 이루었고, 목사가 되어 있었습니다. 그 외에도 제 삶의 모든 것이 10년 전과는 비교할 수 없을 정도로 변해 있었습니다. 10년 전에 꿈꾸지 못했던 일들이 현실이 되어 있었습니다. 기도하는데 저절로 고백이 터져 나왔습니다. "주님, 감사합니다, 주님, 감사합니다!" 감사의 고백과 함께 영적으로 회복되는 큰 은혜가 있었습니다. 이 일을 통해 제가 영적으로 한 단계 자라났다는 것을 느낄 수 있었고, 이후에 더 어려운 상황 속에서도 감사의 기도로 나아갈 수 있게 되었습니다.

범사 감사는 기도에 힘을 부어주는 통로다

여러분, 우리의 기도에 감사가 더해지면 그때부터 기도가 강력해집니다. 그리고 기도가 재밌어집니다. 한 시간 기도하려면 기도할 힘이 있어야 합니다. 강력한 감사가 필요합니다.

범사에 감사하라 이것이 그리스도 예수 안에서 너희를 향하신 하나님의 뜻이니라 살전 5:18

이 말씀처럼 범사에 감사하는 것이 바로 강력한 감사입니다. 모든 것에 대한 감사, 이것이 하나님께서 우리에게 기도의 힘을 부어주시는 통로입니다. 한 시간 기도할 때 내 삶의 모든 것에 감사하시기 바랍니다. 숨 쉬는 것부터 모든 주어진 것과 내 주변 모든 사람에 대해 감사하십시오. 정말 감사하기 힘들 때도 감사하십시오. 이런 감사의 고백은 정말 놀라운 기도가 됩니다. 하나님께서 너무나 기뻐하시는 기도가 됩니다. 왜냐하면 범사에 감사하는 것은 그리스도 예수 안에서 우리를 향하신 하나님의 분명한 뜻이기 때문입니다.

1 기도하면서 감사할 것들이 보이고 깨달아지게 하소서.

2 범사에 감사함으로 기도가 깊어지고 강력해지게 하소서.

3 우리 가정에 어떤 환경 중에라도 감사의 기도가 넘치게 하소서.

4 오늘도 한 시간 기도함으로 기도의 거룩한 습관을 갖게 하소서.

10

기도의 결론은 절대 감사

골로새서 3장 15-17절

고성배 목사

감사할 수 없는 상황에서도 감사하라

예수님은 늘 감사하는 분이셨습니다. 도저히 감사할 수 없을 것 같은 상황에서도 감사하셨습니다. 요한복음 6장에 보면 보리 떡 다섯 개와 물고기 두 마리로 오천 명을 먹여야 하는 상황에서 예수님은 하나님께 감사하며 기도하셨습니다. 또 요한복음 11

장에 죽은 나사로를 살리실 때도 시체 냄새가 진동하는 무덤 앞에서 예수님은 하나님께 감사하셨습니다. 심지어 누가복음 22장에서 십자가를 지시기 전 제자들과의 마지막 만찬에서도 예수님은 감사기도를 드리셨습니다. 제자들이 자기를 버리고 전부 도망치고 부인할 것을 아셨는데도 말입니다.

이것을 볼 때 우리도 그렇게 기도해야 한다는 것을 깨닫습니다. 왜냐하면 예수님께서 우리의 주님이시고, 우리의 기도에서도 주님이시기 때문입니다. 그런데 여러분, 범사에 감사하십니까? 뜻대로 잘 안 됩니다. 그래서 이 말씀이 중요합니다.

> 그리스도의 말씀이 너희 속에 풍성히 거하여 모든 지혜로 피차 가르치며 권면하고 시와 찬송과 신령한 노래를 부르며 감사하는 마음으로 하나님을 찬양하고 또 무엇을 하든지 말에나 일에나 다 주 예수의 이름으로 하고 그를 힘입어 하나님 아버지께 감사하라 골 3:16,17

주님은 감사할 수 없는 상황에서도 감사하셨습니다. 그리스도의 말씀이 우리 속에 풍성히 거해서 감사하는 마음으로 하나님을 찬양하고, 무엇을 하든지 다 주 예수의 이름으로 하고, 주님을 힘입어 하나님께 감사하는 것, 우리 안에 계신 주님의 역사가 감사입니다.

예수님께서 나의 주님이 되시면 결론적으로 내게 감사가 나타납니다. 예수님이 주님이시라는 말이 무슨 의미입니까? 예수님이 나의 왕이시라는 말입니다. 우리는 왕정시대에 살지 않기 때문에 왕을 어떻게 대해야 하는지 잘 모릅니다. 그런데 왕의 명령을 거역하는 것은 대역죄이며 자칫 잘못하면 사형에 처하기도 합니다. 왕의 명령을 거절하는 것은 그야말로 말이 안 되는 일입니다.

여러분, 주님께서 감사하라고 하십니다. 혹 여전히 "감사가 돼야 감사하죠"라고 말하고 있지는 않으십니까? 그렇다면 예수님께서 여러분의 왕이 아니십니다. 그런 사람에게 더 이상 주님께서 역사하실 수 없습니다. 예수님께서 정말 나의 왕이 되시면 주님께서 나의 기도를 쓰십니다. 놀라운 하나님의 역사를 이루십니다.

범사에 감사하는 기도

어느 수도원에 젊은 수도사가 새로 들어왔고, 수도원 원장은 그에게 은혜받아야 한다는 것을 계속 강조했습니다. 그러자 하루는 젊은 수도사가 원장에게 "원장님, 은혜가 도대체 뭔가요?"라고 물었습니다. 그러자 원장은 대답을 안 하고 젊은 수도사를 데리고 바다로 갔습니다. 그리고 깊은 곳에 가서 헤엄치면서 젊은 수도사에게 물었습니다. "자네, 물이 지금 어디에 있는가?"

그러자 젊은 수도사는 "어디 있긴요. 이게 다 물이죠. 지금 우리가 물에 둘러싸여 있지 않습니까?"라고 대답했습니다. 그러자 원장이 말합니다. "하나님의 은혜가 바로 이 물과 같다네. 자네를 둘러싼 전부가 하나님의 은혜일세."

그렇습니다. 이 이야기처럼 우리를 둘러싼 모든 것이 은혜입니다. 여러분이 구원받은 성도라면, 여러분은 은혜의 바다 안에 이미 들어와 있습니다. 그렇기에 여러분을 둘러싼 모든 것이 은혜이고, 감사할 거리입니다. 이 사실이 믿어지십니까? 이것이 믿어지고 깨달아지면 범사에 감사가 나옵니다. 다만, 우리의 입을 열어 감사하는 훈련을 해야 합니다. "하나님, 모든 것에 다 감사합니다", "내 옆에 가시 같은 사람도 감사합니다", "절망적인 일도 감사합니다"라는 감사의 말을 계속해야 합니다.

또한 감사를 위한 기도가 필요합니다. "하나님, 감사의 눈이 뜨이게 하소서", "감사할 힘이 있게 하소서", "감사가 더욱 넘치게 하소서." 이런 감사의 훈련이 여러분 삶에 있기를 바랍니다.

절대 감사가 우리의 결론이다

사랑의 원자탄으로 알려진 손양원 목사님은 1948년 여순 반란 사건 때 두 아들을 잃었습니다. 하루아침에 두 아들을 잃은 아버지의 슬픔을 어떻게 다 표현할 수 있을까요? 그런데 손양원 목사님은 두 아들의 장례식에서 정말 놀라운 고백을 합니다. 손양원 목사님의 10가지 감사의 고백입니다.

"나 같은 죄인의 혈통에서 순교의 자식들을 나오게 하셨으니 감사합니다. 많은 성도 중에 이런 보배들을 주께서 하필 내게 주셔서 감사합니다. 3남 3녀 중 가장 아름다운 두 아들 장자(長子)와 차자(次子)를 바치게 된 축복을 감사합니다. 한 아들의 순교도 귀하다 하거늘 두 아들의 순교에 하나님께 감사합니다. 예수 믿다가 누워 죽는 것도 큰 복이거늘 전도하다 총살 순교 당함에 감사합니다. 미국 유학 준비하던 내 아들, 미국보다 더 좋은 천국 갔으니 안심되어 감사합니다. 사랑하는 두 아들을 총살한 원수를 회개시켜 내 아들로 삼고자 하는 사랑의 마음을 주신 하나님께 감사합니다. 두 아들의 순교로 무수한 천국의 아들들이 생길 것이 믿어지니 감사합니다. 역경 중에 여덟 가지 진리와 하나님의 사랑을 찾은 기쁜 마음과 여유 있는 마음을 주신 우리 주님께 감사합니다."

이렇게 고백하시고 마지막으로 "분수에 넘치는 과분한 큰 복을 주신 하나님께 모든 영광을 돌립니다"라는 고백하셨습니다. 손양원 목사님의 이 절대 감사의 신앙 앞에서 장례식에 참석한 모든 교인들이 눈물바다를 이루었다고 합니다. 어떻게 두 아들을 잃어버린 아버지가 이런 고백을 할 수 있을까요?

강력한 감사로 사역해온 멀린 캐로더스 목사님은 이렇게 말했습니다.

"어떠한 경우에서든지 하나님을 찬양한다는 것은 그 어려움에 눈을 감는 것을 말하는 것이 아니다. 어떠한 일이든지 그 일을 좋은 편으로만 생각하는 것은 문제를 회피하려는 위태로운 방법이다. 우리가 하나님을 찬양한다는 것은 우리의 어려운 사건에도 불구하고 감사하는 것이 아니라, 바로 그 어려운 사건 자체를 감사드리는 것이다."

여러분, 기도할 때 찬송을 많이 부르고 모든 것에 감사하는 기도를 드리시기 바랍니다. 여러분을 힘들게 하는 사람, 여러분을 절망 가운데 빠지게 하는 일까지도 믿음으로 감사하는 것입니다. 우리의 머리로는 절대 할 수 없지만 "감사합니다, 주님"이라고 입술로 고백하는 것입니다. 이것이 모든 것의 주관자이신 예수님을 믿는 우리의 결론입니다. 감사가 기도할 수 있는 힘이며 통로입니다. 절대 감사로 기도의 능력을 경험하시기를 축복합니다.

오늘의 기도 미션

1 우리의 입술이 원망과 불평에서 감사의 고백을 내뱉는 입술로 바뀌게 하소서.

2 은혜의 바다 속에 있음을 알게 하셔서 모든 것에 감사하게 하소서.

3 절대 감사로 기도의 능력을 경험하게 하소서.

4 주님과 동행하며 더 깊은 기도를 체험하게 하소서.

성령 안에서
기도를
훈련하라

11

순종하며 기도하라

창세기 22장 1-19절

김태훈 목사

철저한 순종의 삶의 기도

기도라고 하면 가장 먼저 떠오르는 것이 무릎을 꿇고, 또 두 손을 모으고, 눈을 감고, 하나님께 입으로 마음으로 하는 기도를 떠올립니다. 처음 기도하시는 분들이나 기도에 익숙하지 않으신 분들도 다 이렇게 기도를 시작하실 것입니다. 그런데 본문 말씀을 보면 기도가 어떤 것인지 우리에게 새로운 도전을 주는 내용이 나옵니다.

하나님께서 아브라함에게 이삭을 제물로 바치라고 명령하셨을 때, 아브라함은 한 번도 "안 돼요", "못 해요", "하나님, 제발 이삭만은 살려주세요"라고 기도하지 않았습니다. 물론 마음으로는 이삭을 살려달라는 기도가 있었을 것입니다. 하지만 아브라함은 "아들 이삭을 번제로 바치라"라는 하나님의 명령대로 행했습니다. 왜냐하면 하나님께서 아브라함에게 아들 이삭을 주실 때, 아브라함은 하나님께서 살아 계시고, 선하시며, 능력 있으시고, 죽은 자도 살리시는 분임을 분명히 알고 경험했기 때문에 이미 "하나님이 말씀하시면 무조건 순종밖에 없다"라는 결론을 갖고 있었습니다. 그런데 어떻게 감히 하나님의 말씀에 토를 달겠습니까?

중요한 것은 아브라함이 이삭을 데리고 산으로 올라가 이삭을 결박하여 번제단 위에 올려놓는 그 모든 순종의 모습들을 하나님이 다 보고 계셨다는 것입니다. 물론 하나님은 아브라함의 마음에 있던 간절한 소원까지 다 알고 계셨습니다. 그러나 하나님은 아브라함의 온전한 순종을 보시기 위해 아브라함이 칼을 들고 이삭을 잡으려고 할 때까지 가만히 계셨습니다. 이삭을 번제로 바치려 한 모든 순종의 행동들이 곧 하나님께서 받으시는 기도였기 때문입니다. 이삭을 살려달라고 한마디도 기도하지 않았지만, 이것이 아브라함이 하나님께 드린 철저한 순종의 기도였습니다.

이것은 우리가 하나님께 기도할 때, 반드시 가져야 할 태도이기도 합니다. 우리도 아브라함과 같이 철저히 순종하는 삶을 살면서 하나님께 기도해야 합니다. 한마디로 하나님께 기도하는 것보다 더 중요하고 우선되는 것은 하나님에 대한 완전한 믿음이며, 완전한 순종의 결단입니다.

기도의 역사는 순종에서부터

때때로 성도님이 어떤 문제를 가지고 하나님의 뜻이 무엇인지 알 수 있고 분별할 수 있도록 기도해달라고 요청하십니다. 그럴 때마다 저는 "하나님, 주님의 뜻을 알 수 있도록 지혜와 분별을 주십시오, 하지만 그 전에 하나님께서 주신 생명의 말씀이 땅에 떨어지지 않도록 말씀에 순종할 믿음을 먼저 허락해주십시오"라고 기도를 해드립니다.

여러분, 한번 생각해보십시오. 그동안 하나님께서 우리가 기도하는 가운데, 말씀을 읽는 가운데, 예배 가운데, 사람들과의 대화를 통해서, 수없이 해주신 말씀들이 있는데 우리가 순종하지 못해서 그저 허공에 흩어지거나 땅에 떨어진 말씀들이 얼마나 많습니까?

어떤 교인이 "목사님, 하나님께 사랑할 마음을 달라고 아무리 기도해도 하나님이 주시지 않네요"라고 말했습니다. 이분은 '자기가 사랑하지 않은 것'을 하나님이 자신의 기도에 응답해주지 않았기 때문이라고 오해하고 있습니다. 그런데 그것은 하나님께서 응답하시지 않은 것이 아닙니다. 그것은 응답의 문제가 아니라 순종의 문제입니다.

"서로 사랑하라"(요 13:34)고 하신 말씀이 하나님께서 주신 말씀이라고 정말 믿는다면, 그다음에 마땅히 해야 할 것은 그 말씀에 순종하는 것입니다. 그런데 하나님께서 아무리 천금 같은 말씀을 주셔도 그 말씀에 순종하여 열매 맺지 못하면 하나님께서 알려주신 그분의 뜻이 무슨 소용이 있겠습니까? 하나님께서 우리의 기도에 역사하시려면 우리의 순종이 필요합니다. 그리고 그렇게 순종하는 자가 누리는 은혜는 엄청납니다.

주님을 더욱 알아가는 순종의 기도

가나 혼인 잔치에서 물이 포도주가 되는 기적이 일어났습니다. 다들 새 포도주를 맛보고 즐거워했지만, 물을 떠 온 하인들이 누린 기쁨은 상상할 수 없이 큰 것이었습니다. 하나님의 아들 예수 그리스도께서 어떻게 일하셨는지 그 생생한 현장을 목격한 특권은 오직 순종한 자들에게만 주어졌습니다.

우리가 순종으로 기도할 때, 가장 크게 누리는 은혜와 축복은 바로 예수 그리스도를 인격적으로 알아가게 된다는 것입니다. 또한 다른 이에게 말로만 들었던 예수님, 성경에 기록된 예수님 만 알았던 자들이 순종하며 기도할 때, 주님의 역사하심을 삶으로 경험하게 되고, 주 예수님이 어떤 분이신지 진정으로 깨닫게 됩니다. 하나님은 그런 순종의 사람을 주목하셨다가 마침내 그 믿음에 응답하실 것입니다.

아브라함이 이삭을 잡으려고 하는 순간 하나님은 아브라함 을 막으시며 이렇게 말씀하셨습니다.

사자가 이르시되 그 아이에게 네 손을 대지 말라 그에게 아무 일도 하 지 말라 네가 네 아들 네 독자까지도 내게 아끼지 아니하였으니 내가 이제야 네가 하나님을 경외하는 줄을 아노라 창 22:12

아브라함은 그의 순종의 기도를 통해 가장 큰 응답을 들었습 니다. 바로 하나님께 인정받는 사람이 되었고, 이전에 약속된 복 을 비로소 누리는 인생이 되었습니다. 우리도 모두 함께 고백해 보겠습니다. "하나님, 무슨 말씀을 하시든지 하나님께 순종할 것을 약속합니다." 모두가 순종하며 기도할 때, 주님을 더욱 알아가고 하나님의 인정을 받는 믿음의 사람이 되시기 바랍니다.
그래서 하나님께서 약속하신 복과 은혜를 충만히 누리는 인생이
되시기를 축복합니다.

오늘의 기도 미션

1 하나님의 뜻을 알기 전에 순종의 믿음을 먼저 주소서.

2 그동안 하나님의 말씀에 순종하지 않고 살았던 것이 무엇인지 깨닫고, 먼저 그
  것을 순종하게 하소서.

3 아브라함과 같이 순종의 삶을 사는 기도자가 되게 하소서.

4 오늘 한 시간 기도에 순종함으로 기도의 복과 은혜를 누리게 하소서.

12
사랑으로 기도하라
이사야서 58장 6-11절

김태훈 목사

하나님의 긍휼히 여기시는 사랑

어릴 때 교회 어른들의 대화를 듣다보면 금식기도에 관한 이야기가 많았습니다. 며칠 금식했느냐가 자랑거리이자 훈장이기도 했습니다. 누가 어디 아프다고 하면 "삼 일짜리네", 어떤 문제가 생겼다고 하면 "일주일짜리네" 이런 이야기들을 심심치 않게 들곤 하였습니다. 이런 금식기도의 문화가 온전히 성경적이지는 않지만, 한 가지 분명한 것은 금식기도를 참 많이 했다는 것입니다. 그런데 오늘 이사야 선지자는 58장에서 금식에 대한 중요한 메시지를 던져줍니다.

> 내가 기뻐하는 금식은 흉악의 결박을 풀어 주며 멍에의 줄을 끌러 주며 압제 당하는 자를 자유하게 하며 모든 멍에를 꺾는 것이 아니겠느냐 또 주린 자에게 네 양식을 나누어 주며 유리하는 빈민을 집에 들이며 헐벗은 자를 보면 입히며 또 네 골육을 피하여 스스로 숨지 아니하는 것이 아니겠느냐 사 58:6,7

하나님께서 기뻐하시는 금식이란 결박당한 자, 묶인 자, 유리 방황하는 자, 헐벗은 자들을 풀어주고 자유케 해주고 품어주고 입혀주는 것입니다. 이것을 쉽게 두 글자로 표현하면 '긍휼'입니다. 긍휼은 하나님 사랑의 또 다른 이름입니다. 긍휼은 불쌍히 여기는 마음이라는 의미가 담겨 있습니다. 그런데 그것이 마음에 그치지 않고 행동까지 이어지는 것이 긍휼의 온전한 의미입니다.

누가복음 10장에 선한 사마리아인의 비유는 긍휼의 깊은 뜻을 보여주는 말씀입니다. 여리고에서 강도 만난 사람이 길바닥에 쓰러져 있었습니다. 제사장과 레위인이 그를 보았지만 그냥 지나갔습니다. 두 사람 모두 강도 만난 사람을 불쌍히 여기는 마음이 분명히 있었겠지만, 성경에는 그들이 강도 만난 사람을 피하여 그냥 지나갔다고 했습니다. 그것은 긍휼이 아닙니다.

마지막으로 지나가던 사마리아인은 강도 만나 죽어가는 사람을 보고 자신이 가진 기름과 포도주로 상처를 치료하고, 주막으로 데려가서 돈을 주며 잘 돌봐주라고 부탁합니다. 그리고 비용이 더 들면 돌아올 때 갚겠다고 말하기까지 합니다. 이렇게 단지 안쓰러워하고, 불쌍히 여기고, 동정심으로 끝내지 않고, 그를 돕기 위하여 자신의 일이나 이익을 손해 볼지라도 구체적으로 행동하는 것이 바로 긍휼입니다.

그러나 자기 의로 긍휼을 베풀지 않도록 조심해야 합니다. 사람에게 보이기 위해, 또는 다른 목적을 위해 긍휼히 여기는 모습을 보이는 사람이 있을 수 있지만 그 결과는 크게 다릅니다. 자기 의와 자기 목적으로 긍휼을 베푼다면 거기에는 세상의 보상만 있을 뿐입니다. 하지만 예수님으로부터 오는 마음에 순종하며 긍휼히 여기는 삶을 살아가는 자에게는 하나님의 긍휼히 여김, 즉 하나님의 돌보심을 받는 복을 누릴 것입니다.

긍휼히 여기는 자는 복이 있나니 그들이 긍휼히 여김을 받을 것임이요
마 5:7

진정으로 긍휼히 여기는 사람에게 나타나는 특징이 있습니다. 그것은 도무지 긍휼히 여길 수 없는 자도 긍휼히 여기게 된다는 것입니다. 나에게 심하게 대하고, 나를 분노하게 하는 사람을 볼 때 그 사람조차 불쌍하게 여길 줄 아는 것이 참된 긍휼과 사랑입니다. 따라서 긍휼히 여기는 그리스도인에게는 이웃이 있을 뿐 원수가 없습니다.

우리가 상대방을 원수처럼 느낀다면 그것은 잘못된 환상이고 실체가 없는 것입니다. 실체가 있다면 그 사람을 조종하는 악한 사탄만 있을 뿐입니다. 그렇다면 그는 사탄이 죄의 줄로 뒤에서 조종하는 대로 살아가는 불쌍한 꼭두각시 인생입니다. 그래서 예수님을 믿는 사람들은 그렇게 죄짓고 원수 같은 사람을 미워할 것이 아니라, 그 뒤에서 그 사람을 죄짓게 만드는 사탄을 볼 수 있어야 합니다. 그 사람을 긍휼한 마음으로 보고 그를 위해 기도할 수 있어야 합니다.

우리는 이런 마음을 예수님에게서 발견하게 됩니다. 예수님은 자신을 십자가에 못 박고, 머리에 가시 면류관을 씌우고, 채찍으로 치고 조롱하고, 침을 뱉고 뺨을 때리는 사람들을 저주하지 않으셨습니다. 대신에 하나님께 "주여, 그들의 죄를 용서하여 주옵소서. 지금 그들이 하고 있는 것이 무엇인지 알지 못합니다"

라고 기도하셨습니다. 스데반 역시 마찬가지입니다. 자신을 향해 돌을 던지며 죽이려는 사람들, 그런 원수 같은 자들을 대하는 그의 얼굴이 어떻게 천사의 얼굴이 될 수 있었겠습니까? 주님의 긍휼함이 부어져서 그 사람들이 원수같이 보이지 않았기 때문입니다. 오히려 사탄에게 조종당하는 그들의 심령이 안타까워서 그 역시 동일하게 "주여, 이 죄를 그들에게 돌리지 마옵소서" 이렇게 기도했습니다.

이런 기도를 예수님과 스데반 집사만 할 수 있는 것은 아닙니다. 죄인이지만 십자가의 은혜로 용서받고 구원받은 사람, 십자가의 은혜를 기억하는 사람이라면 누구나 다 긍휼한 사랑으로 원수를 위해 기도할 수 있습니다. 만일 다른 사람을 미워하고 정죄하는 사람이 있다면, 그는 용서받아보지 못한 사람이거나, 용서받은 은혜를 잊어버린 사람 둘 중 하나일 것입니다.

십자가 사랑의 기도

이제 자신의 마음을 한번 들여다보십시오. 만일 자기 안에 긍휼이 없다면 다시 한번 십자가 앞으로 나아오시기 바랍니다. 그리고 예수님께서 나를 용서하시고 구원하시기 위해 십자가에서 생명을 내어주신 그 은혜와 사랑을 다시 기억나게 해달라고 기도하시기 바랍니다. 그러면 십자가의 긍휼과 사랑이 우리 삶을 가득 채울 뿐 아니라 끊임없이 주변으로 흘러넘칠 것입니다.

> 여호와가 너를 항상 인도하여 메마른 곳에서도 네 영혼을 만족하게
> 하며 네 뼈를 견고하게 하리니 너는 물 댄 동산 같겠고 물이 끊어지지
> 아니하는 샘 같을 것이라 사 58:11

십자가의 사랑으로 다른 사람을 긍휼히 여기는 삶을 사시기 바랍니다. 원수까지 긍휼의 마음으로 기도할 수 있는 사랑의 기도가 여러분의 심령 깊은 곳에서부터 터져 나오기를 축복합니다.

오늘의 기도 미션

1 어려운 이들을 구체적으로 섬길 줄 아는 긍휼의 사람이 되게 하소서.

2 내 의가 아닌 주님의 마음으로 긍휼을 베풀게 하소서.

3 나를 용서하신 십자가의 사랑을 기억하며 원수 같은 자도 용서하게 하소서.

4 오늘 한 시간 기도함으로 긍휼과 사랑의 기도를 드리게 하소서.

13

영적 침체에서
속히 벗어나라

시편 42편 1-8절

김은창 목사

영적 침체에 빠진 사람들

여러분은 영적인 충만함 가운데 있습니까? 아니면 영적 침체 가운데 있으십니까? 오래 신앙생활을 해도 영적인 침체가 찾아옵니다. 성경 속 하나님의 사람들도 영적 침체를 경험했습니다. 하나님의 종 모세가 이스라엘 백성의 원망에 하나님께 죽기를 구했던 적도 있었습니다. 바알의 선지자들과 대결을 벌였던 능력의 종 엘리야 선지자도 이세벨이 죽이겠다는 협박 메시지를 받고 하나님께 생명을 거두어달라면서 죽기를 바란 적이 있습니다. 예수님의 제자들도 마찬가지였습니다. 예수님이 십자가에 못 박혀 죽으시자 제자들은 제자로서의 사명을 버리고 이전 개인의 삶으로 돌아갔습니다. 예수님을 배신하고 도망쳤다는 자괴감과 실패감이 그들을 영적 침체에 빠져들게 했습니다. 그러므로 우리에게 영적 침체가 찾아왔다 하더라도 좌절하지 마십시오.

하나님이여 사슴이 시냇물을 찾기에 갈급함 같이 내 영혼이 주를 찾기에 갈급하니이다 내 영혼이 하나님 곧 살아 계시는 하나님을 갈망하나니 내가 어느 때에 나아가서 하나님의 얼굴을 뵈올까 시 42:1,2

시편 42편을 읽어보면 이 시편 기자가 하나님을 만났고 하나님의 음성을 들으며 살았다는 것을 알 수 있습니다. 그런데도 그는 "내가 언제 하나님께로 나아가 하나님을 만날 수 있을까?" 이렇게 말합니다. 하나님이 안 계신 것 같고, 내게 아무 말씀도 안 하시는 것 같고, 내 기도에 전혀 응답하지 않으시는 것 같다는 생각이 그의 영적 침체를 나타내줍니다. 그는 하나님이 함께 하심을 누리지 못하고, 사람들이 빈정거리며 조롱하는 말에 넘어졌습니다.

이처럼 영적 침체에 빠지면 하나님이 함께하시고 말씀하셔도
전혀 듣지 못하고, 깨닫지 못하는 심각한 상태에 놓이게 됩니다.

주님의 음성인가, 마귀가 주는 생각인가

여러분은 요즘 누구의 말에 귀를 기울이며 사십니까? 누구의
말에 가장 영향을 받고 있습니까? 저의 중요한 기도 제목 중에
하나는 날마다 주님의 음성을 잘 듣는 것입니다. 그런데 요즘
세상을 살아갈 때 주님을 의식하고, 주님의 음성에 귀 기울이지
못할 때가 많은데, 바로 휴대폰과 인터넷 때문입니다.

메신저 톡이나 SNS는 많은 사람이 서로 소식과 메시지를 주
고받는 중요한 소통의 창구가 되었습니다. 아침에 잠에서 깰
때, 잠자리에 들 때도 하루에 수십 번씩, 휴대폰을 들여다봅니
다. 거기에서 온갖 세상 돌아가는 잡다한 이야기와 소문들, 가
짜뉴스들이 사람들의 마음을 빼앗고 미혹합니다. 하나님의 말

씀을 보는 것에는 게으르고 귀찮아하면서 핸드폰을 붙들고 몇 시간씩 시간가는 줄 모릅니다. 마귀는 오늘도 우리에게 진리의 말씀과 정반대되는 가짜 진리로 우리를 미혹하고, 부정적이고 절망적인 말로 우리 마음을 어둡게 만듭니다.

이렇듯 우리가 무슨 거창하고 엄청난 일 때문에 영적 침체에 빠지는 것이 아니라 아무것도 아닌 세상 뉴스 또는 다른 사람의 작은 말 한마디에 넘어지곤 합니다. 그렇기 때문에 우리가 영적 침체에 빠지지 않기 위해서 또는 영적 침체에서 벗어나려면 우리의 마음을 잘 지키고 주님의 음성을 듣고 살아야 합니다. 주님은 우리에게 주님의 마음과 뜻을 말씀하실 때, 우리의 생각을 통로로 말씀하십니다. 그렇기 때문에 우리 마음 가운데 일어나는 생각을 분별해야 합니다.

때로는 우리 안에 다른 사람들이 안다면 얼굴을 들고 다닐 수 없을 만큼 부끄럽고 추악한 생각이 떠오를 때가 있습니다. 마귀 또한 우리의 생각을 통해 역사하고 있기 때문입니다. 마귀가 가룟 유다 안에 예수를 팔 생각을 넣어주었다고 하지 않습니까? 조금만 관심을 기울이고 집중하면 어떤 것이 주님의 음성인지, 또는 마귀가 주는 생각인지 알 수 있습니다. 어떤 생각을 붙잡고 품어야 할지, 어떤 것을 거부해야 할지 알 수 있게 됩니다. 죽고 싶은 생각, 죽이고 싶은 생각, 슬픈 생각, 자기 연민, 우울증,

포기하고 싶은 마음, 온갖 음란한 생각 등은 마귀가 주는 것입니다. 그러므로 우리 마음에 들어오는 생각을 살피는 일은 너무나 중요한 일입니다. 마귀가 주는 생각이라 여겨지는 것은 단호히 거부하고 마음에 받아들이지 말아야 합니다.

반대로 주님으로부터 왔다고 믿어지는 생각이 있으면 그것을 꼭 기록해보십시오. 그리고 그것이 정말 주님으로부터 온 생각인지, 성경의 진리와 맞는지 확인해보십시오. 교회 공동체와 속회 안에서 주님이 주신 생각을 나누며 한 성령 안에서 분별해보시기 바랍니다. 하나님은 우리에게 너무나 분명히 말씀하시는 분이라는 것을 알게 될 것입니다. 주님의 그 말씀이 우리의 심령을 바꾸고, 영적 침체에서 다시 일어날 힘을 얻게 하십니다.

기도의 막힘은 기도로 해결하라

영적인 침체가 올 때 일어나는 현상 중에 하나는 기도의 힘을 잃어버린다는 것입니다. 오 할레스비 목사님은 《영의 기도》(규장)라는 책에서 그것을 '기도의 무력감'이라고 표현했습니다. 기도의 문이 닫히는 원인은 각자 다를 수 있습니다. 중요한 것은 만약 내 기도의 문이 막혀 있다면 그 막힘을 즉시 풀어야 한다는 것입니다. 기도는 우리 영혼의 호흡과 같고 하나님과 교통하는 중요한 은혜의 방편이기 때문입니다. 그렇다면 기도의 문이 막혀 있는 상태를 어떻게 해결할 수 있을까요? 이 질문에 대한 답은 매우 간단합니다. 기도의 막힘은 기도로 해결해야 합니다. 다른 방법이 없습니다. 기도의 막힘이 해결되는 자리는 기도의 자리뿐입니다.

그러면 어떤 분은 이렇게 말씀하실지 모르겠습니다. "아니 목사님, 기도할 힘이 없어요. 이렇게 무기력한데, 기도의 자리에 나간들 무슨 소용이 있겠어요?" 충분히 공감합니다. 설사 기도의 자리에 나왔다 할지라도 우리 자신의 무력함에 직면하기 때문일 것입니다. 어떤 때는 기도할 말도 도무지 생각나지 않습니다. 마음은 죄로 인해 온통 더럽혀져 보이고, 하나님은 너무 낯설고 멀게만 느껴집니다. 이런 상태로 무슨 기도를 하나 싶은 생각이 들기도 합니다. 더 이상 소리 내어 기도할 수조차 없습니다. 하지만 그런 무력감 중에 탄식하는 한마디가 가장 훌륭한 기도의 출발입니다.

시편 42편 기자는 극심한 영적 침체 가운데 있었지만, 그의 마음이 점점 변화되어 가는 것을 보게 됩니다. 자신의 내면 안에 있는 영적인 괴로움을 하나님께 진실하게 토해내고 있기 때문입니다(1,6,8절). 사랑하는 여러분, 영적인 침체가 왔다고 느껴질 때 그것을 절대 방치하지 마십시오. 속히 벗어나십시오. 다시 주님을 바라보십시오. 하나님은 분명히 살아 계시고 여러분과 함께

하십니다. 그리고 날마다 새 은혜를 부어주십니다. 영적인 침체를 벗어나 날마다 성령 충만함으로 깨어 기도하는 삶이 되기를 축복합니다.

오늘의 기도 미션

1 영적인 침체에 있는 성도들이 속히 회복되게 하소서.

2 오직 주님의 말씀에 귀를 기울이며 살게 하시고, 마음을 지키게 하소서.

3 기도의 막힘이 풀리게 하시며 강력한 기도로 영적인 침체를 돌파하게 하소서.

14

기도는 살고 죽는 문제이다

출애굽기 17장 10-12절

김은창 목사

기도하면 살고 기도하지 않으면 죽는다

하나님께서는 우리를 세상에 버려두지 않으시고 이 세상을 이길 힘을 주셨습니다. 그 힘이 기도입니다. 그냥 기도하는 사람이 있고, 기도로 사는 사람이 있습니다. 그 둘은 완전히 다릅니다. 기도로 사는 사람은 세상을 두려워하지 않고 세상을 탓하지도 않습니다. 그런데 안타깝게도 많은 성도가 기도하지만 기도로 살지는 못합니다. 그러면서 안 되는 일, 세상에서 어려운 일을 탓하며 살아갑니다.

하나님은 우리가 기도로 사는 사람이 되도록 계획하셨습니다. 한 시간 기도운동을 하는 이유도 우리가 어설픈 기도자가 아니라 정말 기도로 사는 사람이 되자는 데 있습니다. 기도는 우리가 살고 죽는 문제입니다. 이 사실을 분명히 알아야 비로소 적당히 기도하지 않게 됩니다.

출애굽기 17장을 보면 이스라엘 백성이 애굽을 떠나 가나안으로 가는 길에 아말렉 족속과 싸우는 이야기가 나옵니다. 아말렉은 아주 간교하게도 이스라엘의 대열 맨 뒤에 있었던 병들고 연약한 자들을 쳤습니다. 하나님은 하나님을 두려워하지 않는 아말렉을 진멸하시기 위해서 이스라엘을 두 그룹으로 나누셨습니다. 모세와 아론과 훌에게는 산에 올라가서 기도하게 하셨고, 여호수아는 군대를 이끌고 전쟁터로 가서 아말렉과 싸우게 하셨습니다.

그렇게 전쟁이 진행되었는데, 놀랍게도 모세가 하나님께 손을 들고 기도하면 여호수아의 군대가 아말렉을 이기는 것입니다. 이스라엘 백성은 전쟁하는 군인들이 아니라 노예생활 하던 사람들입니다. 무기가 뭔지 알지도 못하고, 전술이라는 것도 없습니다. 여호수아의 군대는 말 그대로 오합지졸이었습니다. 이런 여호수아의 군대가 아말렉의 정예 군대를 상대로 전쟁에서 이긴다는 것은 불가능한 일이었습니다. 그런데 그런 불가능한 일이 가능하게 된 것입니다. 그러나 모세가 기도하는 손을 내리면 전세가 역전되었습니다. 그것을 본 아론과 훌이 모세를 바위에 앉히고 양옆에서 모세의 두 팔을 높이 들어 올립니다.

> 아론과 훌이 한 사람은 이쪽에서, 한 사람은 저쪽에서 모세의 손을 붙들어 올렸더니 그 손이 해가 지도록 내려오지 아니한지라 출 17:12

그러자 여호수아의 군대가 아말렉과의 전투에서 승리합니다. 이것은 하나님께서 하나님의 자녀들에게 세상에서 우리가 어떻게 승리하는 삶을 살 것인가 하는 비밀과 같은 진리를 가르쳐주고 계시는 것입니다.

> 여호와께서 모세에게 이르시되 이것을 책에 기록하여 기념하게 하고 여호수아의 귀에 외워 들리라 내가 아말렉을 없이하여 천하에서 기억도 못 하게 하리라 출 17:14

하나님은 그날 일을 잊지 않도록 '여호와 닛시', "여호와는 나의 깃발이다", "여호와는 나의 승리"라는 이름을 주셨습니다. 그렇다면 하나님께서는 우리에게 무엇을 가르쳐주시려고 이 말씀을 주신 것일까요? 이스라엘과 아말렉의 전투는 우리가 기도하면 살고 기도하지 않으면 죽는다는 것을 알려주시는 것입니다. 하나님의 백성은 무슨 일이 있어도 기도하는 일을 중단해서는 안 됩니다.

절망 속에서도 기도를 포기하지 말라

물론 기도가 결코 쉬운 일은 아닙니다. 산꼭대기에 올라가 이스라엘을 위해 기도하던 모세의 팔이 피곤했다고 했습니다. 그만큼 기도가 힘이 듭니다. 매일 한 시간 기도하는 것도 쉬운 일이 아닙니다. 왜냐하면 기도는 육체적인 힘이 드는 일일 뿐만 아니라 그 일 자체가 마귀와의 영적 싸움이기 때문입니다. 마귀는 우리가 기도하지 못하도록 방해합니다. 우리의 육신을 피곤하게 만들고, 시간을 마련하지 못하도록 우리를 미혹합니다. 그리고 기도의 좌절감을 줍니다. 기도가 힘들고 어려울 때 아말렉 전투의 현장을 기억해야 합니다. "지금 기도하지 않으면 끝이다, 소망이 없다"라는 이 사실을 명심하시기 바랍니다.

아마 어떤 분들은 기도의 좌절을 경험하셨을 것입니다. 아무리 기도해도 주님이 기도를 이루어주시지 않고, 기도하는 나 자신에 대한 연약함을 경험하신 분이 계실지 모르겠습니다. 그러나 주님은 그렇게 연약한 기도를 통해서도 놀랍게 일하시는 분입니다. 수년 전 12월이었습니다. 교회에서 인도로 파송한 선교사님으로부터 긴급한 메시지를 받게 되었습니다. 인도의 힌두 근본주의 단체가 원래 힌두교도였다가 기독교도로 개종한 사람들을 다시 힌두교도로 역개종 시키는 일을 한다는 것입니다. 그리고 힌두교로 다시 돌아온 4천여 명의 사람들에게 우리나라 돈으로 350만 원 정도를 주고, 크리스마스에 그들을 환영하고 축하하는 공개적인 행사를 준비한다는 소식이었습니다.

그 메시지를 받고 마음이 너무 아팠습니다. 제 마음도 이렇게 아픈데, 현지에서 사역하시는 선교사님들은 얼마나 괴로울까 하는 생각이 들었습니다. 그리고 다음 날 새벽기도회 때, 예배에 나오신 성도님들에게 기도 제목을 나누고 함께 기도했습니다. 그러나 기도하는 제 마음에 절망이 가득했습니다. '과연 내가 기도한다고 그 일이 변화될 수 있을까?', '우리 기도가 너무 연약한데 과연 무슨 일이 일어날 수 있을까?' 이런 영적인 회의감이 들었습니다.

그리고 며칠이 지나 송구영신 예배를 드리고 새해 첫날 선교사님으로부터 온 메시지를 다시 확인했습니다. "주님과 함께 행복한 새해 되세요. 지난 12월 25일 예정되었던 기독교인 및 무슬림의 힌두교도로의 재개종 공개 행사는 주최 측이 일정을 미루기로 하였답니다. 계속 기도와 관심을 부탁드립니다. 복된 새해를 기원합니다." 또한 몇 해가 지나서 들은 소식도 아직까지 그 행사는 열리지 않았다는 것입니다.

그때 선교사님이 보내주신 짧은 메시지는 하나님이 보내주신 메시지 같았습니다. "먼저 그의 나라와 그의 의를 구하는 기도는 반드시 이루어진다! 너희는 너희의 기도가 약하다고 생각했지! 기도하면서도 과연 이 일이 이루어질까 좌절했었지! 그러나 그 연약한 기도를 통해서도 나는 일한단다! 그러니 절대 좌절하지 마! 기도하면서 포기하지 마!" 이렇게 말씀하시는 것 같았습니다.

멈추지 않는 기도

여러분, 아무 힘이 없어서 혹은 능력이 없어서, 무엇을 해야 할지 몰라서, 그저 내가 할 수 있는 것은 "주님" 하고 부르며 기도하는 것밖에 없다고 여겨지는 분이 계십니까? 그것이 능력입니다. 우리 자신은 부족하고 연약하지만 매일매일 기도의 자리에 나아가십시오. 하나님께서 그 기도를 통해서 반드시 역사하십니다.

우리 교회는 매일 밤 10시 매일합심기도로 함께 기도합니다.

세계 열방과 나라와 민족과 한국 교회를 위해서 성도들과 함께 기도해왔습니다. 매일 북한에 억류된 분들의 이름을 부르며 기도했습니다. 놀랍게도 2년 반 억류되었던 임현수 목사님이 석방되셨고, 역시 2년 반 동안 중국 감옥에 수감되었던 온성도 목사님도 석방되었습니다. 두 분 모두 우리 교회에 오셔서 하나님의 역사를 간증해주셨습니다. 또한 억류되었던 김동철 목사님, 김상덕, 김학송 교수님이 풀려나는 모습을 모든 국민이 함께 지켜보았습니다. 어떻게 이런 일이 일어날 수 있었을까요? 날마다 변함없이 주님께 올려드린 성도들의 기도의 역사라고 저는 분명히 확신합니다.

전 세계에 하나님을 대적하고 하나님 없이 사는 세상 사람들 그리고 세상의 풍조를 바라볼 때, 우리의 마음이 무너질 때도 있습니다. 그러나 실망하지 않을 것은, 하나님은 오늘도 기도로 사는 성도의 기도를 통하여 마귀의 권세를 멸하시고, 하나님의 나라를 확장시켜 나가시기 때문입니다. 하나님은 오늘도 우리의 기도를 통해서 일하십니다. 주님의 역사는 계속되고 있습니다. 기도를 멈추지 마십시오. 날마다 주님 앞에 기도로 사는 자로 서는 저와 여러분이 되기를 축복합니다.

_____

오늘의 기도 미션

1 기도하면 살고 기도하지 않으면 죽는다는 심정으로 주께 매달리는 기도자가 되게 하소서.

2 모든 삶의 영역에 기도로 여호와 닛시의 깃발을 세우게 하소서.

3 먼저 그의 나라와 의를 구하는 기도자가 되게 하소서.

4 오늘도 한 시간 기도를 통해 기도로 사는 성도의 삶이 되게 하소서.

15

기도와 영적 전쟁

고린도후서 4장 4절

최효열 목사

우리가 기도하면 사탄은 철야기도를 한다

예수님께서는 마귀를 "이 세상의 임금"(요 12:31)이라고 말씀하셨고, 사도 바울은 "공중의 권세 잡은 자"(엡 2:2)라고 이야기했습니다. 마귀가 세상을 지배하고 공중의 권세를 잡고 있다는 것입니다. 따라서 우리가 기도를 결단하는 순간부터 사탄 마귀는 성도들이 기도하지 못하도록 방해하고, 그렇기 때문에 우리에게 기도하지 못하게 되는 이유가 생깁니다. 우리가 매일 한 시간 기도를 결단하면 그 순간, 사탄 마귀도 그 기도를 방해하기 위해 철야기도를 한다고 생각하시면 됩니다. 우리가 골방에 들어가 집중적으로 기도하겠다고 하면 사탄은 전략 회의실에 모여 어떻게 그 기도를 방해할지 비상 회의를 한다는 것입니다.

사탄이 왜 그렇게 할까요? 성도는 기도를 통해 주님과 더 친밀한 교제로 들어가고, 주님과 하나가 되기 때문입니다. 성도들이 쉬지 않고 기도할 때 그들의 얼굴은 점점 더 주님을 닮아 그리스도의 형상으로 빛나게 됩니다. 하나님의 나라가 확장되고 사탄의 나라가 망하게 되기 때문에 세상의 임금, 공중의 권세 잡은 사탄이 이를 그냥 둘 리가 없습니다. 따라서 사탄이 가장 싫어하는 성도의 기도를 어떻게 해서든지 방해하려고 하는 것입니다. 만약 사탄의 집에 가훈이 있다면, "그리스도의 영광의 복음의 광채가 비치지 못하게 하라"는 말씀일 것입니다.

가정과 교회를 공격하는 사탄의 전략을 간파하라

우리를 통해 그리스도의 복음의 광채가 비치지 못하게 하는 것이 사탄의 존재 목적입니다. 사탄은 어떻게 해서든지 우리가 주님과 하나가 되는 것을 막습니다. 그런데 하나님을 직접 막을 수는 없으니 하나님께서 하나 됨을 통해 하나님의 형상이 드러나게 하시고자 세우신 공동체를 깨뜨리려고 합니다. 하나님이 세우신 두 공동체 중에 하나가 가정이며 다른 하나는 교회입니다.

가정과 교회가 주 안에서 하나 될 때, 하나님나라의 복음의 비밀이 흘러가게 되는 놀라운 계획이 있기 때문에 사탄은 그 구원의 계획을 깨뜨리려고 하는 것입니다. 가정을 깨기 위해 끊임없이 부부를 갈라서게 할 것입니다. 부부가 싸우면 사탄에게는 찬양할 일입니다. 자녀들이 있는 곳에서 싸운다면 그야말로 금상첨화입니다. 그렇게 되면 자녀들에게도 깊은 상처를 줄 수 있고 하나님나라의 복음이 더 이상 흘러가지 못할 테니 얼마나 좋습니까?

동일하게 교회도 공격합니다. 목회자를 죄짓게 만드는 것이 가장 효과적입니다. 끊임없이 목회자를 유혹하고 넘어지게 할 것입니다. 또 교회를 잘 세우기 위해 회의하는 자리가 있다면 그곳도 방해할 것입니다. 나아가 리더 그룹에서, 속회에서 하나 되지 못하게 계속해서 공격할 것입니다. 이 공격에 넘어가지 않기 위해서는 사탄의 전략을 잘 알 필요가 있습니다.

생각을 지켜라

사탄은 우리를 어떻게 공격할까요? 사탄이 우리를 공격하는 세 가지 지점이 있습니다. 첫째, 사탄은 우리의 생각을 공격합니다. 사탄은 우리의 생각 속에 정말 말도 안 되는 생각들, 끔찍하고 더러운 생각들을 넣을 수 있습니다. 그렇기 때문에 모든 생각이 다 내 생각이라 여기고 받아들여서는 안 됩니다. 지금 어떤 생각에 사로잡혀 계십니까? 부정적이고 미워하고 두렵고 죄책감에 사로잡혀 있지는 않습니까? 이것이 사탄이 넣어준 생각임을 알고 정신을 차리고 기도해야 합니다. 그런 생각이 들 때 예수님의 이름으로 대적하고 쫓아내시기 바랍니다.

사도 바울이 구브로 섬에 가서 총독 서기오 바울에게 복음을 전할 때, 엘루마라는 마술사가 복음 전하는 일을 계속해서 방해했습니다. 그때 사도 바울이 엘루마에게 이렇게 선포합니다.

> 그래서 바울이라고도 하는 사울이 성령으로 충만하여 마술사를 노려보고 말하였다. "너 속임수와 악행으로 가득 찬 악마의 자식아, 모든 정의의 원수야, 너는 주님의 바른 길을 굽게 하는 짓을 그치지 못하겠느냐? 행 13:9,10 새번역

사도 바울과 같이 사탄의 존재를 정확하게 인식하고 예수님의 이름으로 기도하며 사탄이 넣어준 생각을 쫓아내시기 바랍니다.

마음을 지켜라

둘째, 사탄은 우리의 마음을 공격합니다.

조각을 받은 후 곧 사탄이 그 속에 들어간지라 이에 예수께서 유다에게 이르시되 네가 하는 일을 속히 하라 하시니 요 13:27

사탄이 생각을 넣어줄 때 빨리 정신을 차리고 쫓아내지 않으면 사탄은 우리의 마음속에 진을 치게 됩니다. 그렇게 되면 마귀가 그 마음을 지배하기 시작합니다. 혈기, 두려움, 낙심, 우울증, 교만, 열등감, 분열하게 만드는 것을 끊을 수 없다면 지금 마귀가 내 마음 가운데 진을 치고 있는 것입니다. 그러면 어떻게 해야 마귀의 견고한 진을 파할 수 있을까요? 그 능력은 오직 예수님의 십자가뿐입니다.

마음에 진을 친 사탄이 여러분을 사망으로 몰아갈 때, "나는 예수님의 십자가와 함께 죽었고 이제는 예수님의 생명으로 삽니다"라고 믿음으로 선포하셔야 합니다. 그때 마귀는 우리 마음을 지배할 힘을 잃습니다. 예수님만이 사탄을 이길 수 있습니다. 그분은 이미 사탄의 머리를 부수고 승리하셨습니다. 모든 영적 전쟁의 핵심은 바로 예수님입니다.

셋째, 사탄이 공격하는 곳은 우리의 입술입니다. 말은 영적인 힘이 있습니다. 그래서 마귀는 우리가 믿음 없는 말, 불평하는 말, 원망하는 말, 비난하고 저주하는 말을 할 때 그 틈을 비집고 들어옵니다. 여러분의 말을 빨리 바꾸셔야 합니다. 하나님을 고백하고 감사하고 찬양해야 합니다. 사람들을 비난하고 지적하기보다 사랑하고 칭찬하고 세우는 말로 바꿀 때 더 이상 마귀가 역사하지 못하게 됩니다.

오늘 꼭 실천하셔야 할 숙제를 드리겠습니다. 하나님께서 여러분에게 허락하신 관계 가운데 꼭 감사와 사랑을 고백해보시기 바랍니다. 배우자에게, 자녀들에게 사랑하고 축복한다고 말해보십시오. 그리고 더 나아가 관계가 깨어져서 어려우신 분들에게 꼭 용서와 화해의 메시지를 전달해보시기 바랍니다. 내가 왜 지금까지 그렇게 하지 못했는지 깨닫게 될 것입니다.

오늘의 삶 속에서 예수님의 놀라운 복음의 광채가 빛나고 그로 인해 세상 가운데 하나님의 나라 부흥이 이루어지기를 주님의 이름으로 축복합니다.

오늘의 기도 미션

1 마귀가 주는 생각을 분별하여 쫓아내고, 예수님께 생각을 고정하여 살게 하소서.

2 마음 가운데 자리 잡은 쓴 뿌리와 거짓 가치관들이 예수님의 보혈로 정결해지게 하소서.

3 기도하는 입술, 감사와 사랑을 고백하는 입술로 변화되게 하소서.

한 시간 기도로 살기

16

시험을 이기는 기도

마태복음 26장 40,41절

최효열 목사

시험을 이기는 유일한 길

예수님께서 겟세마네 동산에서 기도하실 때 제자들에게 시험에 들지 않게 깨어 기도하라고 하셨습니다. 그런데 제자들도 그날 종일 놀았던 것이 아닙니다. 유월절 만찬을 준비하고, 사람들 틈에서 열심히 사역했기 때문에 깨어 있기에 정말 피곤한 날이었을 것입니다. 새벽기도를 하기 위해 알람을 맞춰놓고 자다가 간혹 너무 피곤한 날이면, "하나님, 죄송합니다" 하고 다시 잠드는 경우가 있습니다. 그러나 사실 이것은 하나님께 죄송할 일이 아니라 우리에게 큰일 날 일입니다. 만약 자고 있는데 우리 집에 도둑이 들어온다면 어떨까요? 미친개가 뛰어 들어온다고 해도 계속 자고 있을 수 있나요? 우리가 기도하기 어려운 이유는 기도하지 못할 때 어떤 일이 일어나는지 모르기 때문입니다.

근신하라 깨어라 너희 대적 마귀가 우는 사자같이 두루 다니며 삼킬 자를 찾나니 벧전 5:8

성도들이 처해 있는 영적 상황은 마치 전쟁터와 같습니다. 마귀들은 계속해서 성도와 교회를 공격하고 시험합니다. 그래서 예수님께서 시험에 들지 않게 깨어 기도하라고 하신 것입니다. 기도하고 있다는 것은 영적으로 깨어 있다는 뜻입니다. 영적으로 깨어 있다면 마귀의 시험이 분별되고 결국 그 시험을 이길 수 있게 됩니다. 우리는 힘들고 피곤하더라도 기도생활에 힘써야 합니다. 그것이 영적으로 무장하는 길이며 시험을 예방할 수 있는 유일한 길입니다.

물론 기도해서 시험을 다 이긴다거나 기도하면 모든 일이 내 뜻대로 다 잘된다는 뜻은 아닙니다. 다만 모든 일이 하나님의 뜻대로 이루어지게 되는 것을 말합니다. 사실 기도해도 어려운 일은 생깁니다. 예수님은 십자가에 달려 죽으셔야 했습니다. 요셉은 감옥에 갇혔으며 다니엘은 사자굴에 들어갔습니다. 그러나 기도하면 그 고난을 통해 하나님의 뜻이 이루어지게 되는 것입니다.

예수님은 십자가를 통해서 구원의 길을 여셨습니다. 요셉은 감옥에 들어간 일로 총리가 되었고, 다니엘은 사자굴에서 살아나와 하나님의 살아 계심을 나타냈습니다. 고난 가운데 있을지라도 그 고난이 시험이 되지 않으려면 기도를 멈추지 마시기 바랍니다. 그렇게 되면 반드시 그 고난을 이기게 하시고 고난을 통해 하나님의 뜻이 나타나게 될 것입니다.

육신이 약하므로 깨어 기도하라

또한 우리는 육신이 약하기 때문에 깨어 기도해야 합니다. "마음에는 원이로되 육신이 약하도다"라는 말씀은 단순히 우리가 체력이 좋지 않다는 것이 아닙니다. 우리 육신의 욕구와 욕망이 너무 강해서 그 육신이 우리를 넘어지게 한다는 뜻입니다. 그래서 도무지 하나님의 말씀대로 살지 못하게 한다는 것입니다.

겟세마네 동산에서 기도하지 않던 제자들은 십자가 앞에서 모두 도망갔고, 베드로는 예수님을 세 번 부인했습니다. 왜 이런 일이 일어났을까요? 제자들의 육신이 약했기 때문입니다. 기도를 꾸준히 하면 예수님과 인격적인 관계 안에 살게 됩니다. 그러면 갑작스러운 어려움이 오더라도 육신으로 반응하지 않고 믿음으로 반응하게 됩니다. 짜증 나는 일, 마음 상하는 일, 고통스러운 일이 찾아와도 예수님이 인도하시는 대로 순종하며 살게 되는 것입니다. 사람을 미워하고 정죄하고 내 뜻대로 안 될 때 실망하고 좌절하던 일들이 기도함으로 기뻐하고 감사하고 사랑할 수 있게 되는 것입니다.

어느 주일 아침, 저는 천국 소망에 대한 설교를 듣고 큰 은혜를 받았습니다. 정말 천국에 올라갈 것 같은 기분으로 사무실로 돌아와 앉아 있는데 갑자기 연기가 차오르기 시작했습니다. 불이 난 것입니다. 방금 전 천국 소망에 대한 설교를 들었는데도 그 소망이 어느새 사라지고 놀라서 어쩔 줄 모르고 허둥지둥하는 제 자신을 발견했습니다. 다행히 진짜 화재가 아니라 소동으로 끝이 났지만, 건물 밖으로 나와 수습이 될 때까지 서 있는데 겨울의 추위가 느껴지지 않을 정도로 제 자신이 초라해 보였습니다.

우리의 육신은 정말 약합니다. 우리의 본능은 철저히 자기 중심적이고 이기적이어서 유혹과 정욕의 시험을 이길 힘이 없습니다. 사탄은 우리의 연약함을 너무나 잘 알고 있습니다. 내가 언제 화를 잘 내는지, 어떤 죄에 쉽게 넘어지는지 잘 압니다. 우리가 시험에 드는 부분을 가만히 살펴보십시오. 사실 매번 새롭고 창의적으로 죄를 짓는 것이 아닙니다. 매번 시험에 들고 넘어지는 패턴이 똑같습니다.

여러분은 언제 시험에 잘 드십니까? 우리의 죄 된 습관과 패턴을 찾아보십시오. 그리고 정신을 똑바로 차리고 똑같은 순간이 왔을 때 예수님의 이름으로 사탄을 꾸짖어 쫓아버리시기 바랍니다. 그래도 죄에 계속 넘어진다면, 그때는 중보기도를 요청해야 합니다. 기도의 공동체는 너무나 중요합니다. 꼭 함께 기도할 기도의 짝들을 만들어보시기 바랍니다.

하늘에 계신 우리 아버지를 믿고 기도하라

우리가 시험을 이기기 위해 가져야 할 중요한 믿음이 있습니다.

우리를 시험에 들게 하지 마시옵고 다만 악에서 구하시옵소서 마 6:13

예수님이 제자들에게 가르쳐주신 주기도문의 마지막 부분에 나온 말씀입니다. 그런데 제자들이 예수님께 다른 것을 묻지 않고 기도하는 방법을 물어본 이유가 무엇일까요? 바로 예수님께서 모든 사역에 앞서 먼저 기도하셨기 때문입니다. 그래서 제자들도 기도하는 방법을 꼭 알고 싶었던 것입니다. 우리가 시험을 이기기 위해서 가져야 할 중요한 믿음이 또 있습니다. 바로 주기도문의 첫 문장입니다.

그러므로 너희는 이렇게 기도하라 하늘에 계신 우리 아버지여 마 6:9

여러분, 우리의 진짜 아버지가 하늘에 계십니다. 이 말씀을 진실로 믿으면 내 삶이 어떻게 바뀔까요? 천지를 창조하시고 지금도 이 세상을 다스리시는 하나님의 아들과 딸이 바로 여러분이라는 것입니다. 우리가 하나님 아버지의 자녀가 되었다는 것은 아버지의 나라의 모든 유업을 상속받았다는 의미가 있습니다. 더 놀라운 사실은 그 하나님께서 지금도 성령으로 내 안에 계십니다.

그러니 이 세상에서 성공하지 못하고, 사람들에게 조금 무시당한다고 해도 전혀 시험에 들 이유가 없습니다. 세상을 부러워하면서 '내 인생은 왜 이럴까?' 한탄하지 마시기 바랍니다. 내가 누구 때문에 고생하나 원망할 일도 없습니다. 오직 하나님나라의 상속자로 담대하게 당당하게 살아가시기를 축복합니다.

1 기도함으로 나의 뜻이 아닌 하나님의 뜻이 이루어지는 하루를 살게 하소서.

2 시험에 들었던 것이 있다면 기도로 풀어지게 하소서.

3 "나에게는 하늘 아버지가 계신다"라는 믿음으로 살게 하소서.

4 오늘 한 시간 기도함으로 당당한 상속자 된 은혜를 누리게 하소서.

17

말씀으로 기도하라

고린도후서 1장 20절

최왕락 목사

말씀이신 예수님을 붙잡고 기도하라

한 기자가 예수원의 설립자 대천덕 신부님을 인터뷰하던 중 "어떻게 그렇게 선한 영향력을 끼칠 수 있으십니까?"라고 물었다고 합니다. 그러자 신부님은 의외로 너무 간단한 답을 하셨습니다. "매일 말씀을 묵상하고 기도하기 때문입니다." 우리는 인생을 살면서 결정해야 할 일들을 수없이 만납니다. 그리고 그때마다 기도하지만 하나님께서 어떻게 응답하시는지 잘 모를 때가 많습니다. 그 이유는 하나님이 응답하지 않으시는 것이 아니라 말씀과 기도로 주님의 인도함을 받는 훈련이 되어 있지 않기 때문에 주님이 말씀하시는데도 알아듣지 못하기 때문입니다.

여러분께 묻고 싶습니다. "평생에 붙드는 말씀이 있습니까?" 신앙생활이 느슨해지고 나태해질 때, 그 말씀만 생각하면 다시 마음을 가다듬게 되는 말씀, 너무 고통스럽고 힘들어서 휘청거릴 때, 그 말씀을 다시 붙들면 일어서게 되는 주님이 내게 주신 말씀이 있습니까? 우리가 알아야 할 것은 기도의 삶과 말씀은 반드시 함께 가야 한다는 것입니다.

요한복음 1장을 보면 예수님은 자신의 정체성에 대해 다음과 같이 말씀하십니다. "태초에 말씀이 계시니라"(1절), "이 말씀이 하나님과 함께 계셨고"(2절), "말씀이 육신이 되어 우리 가운데 거하시매"(14절)라고 합니다. 성경은 예수님이 우리 가운데 오신 말씀이라고 증거합니다. 즉 우리가 말씀과 부딪히고, 그 말씀을 붙잡게 되는 것이 예수님을 만나는 것입니다. 그렇다면 말씀이신 예수 그리스도를 붙잡고 기도하는 것이 가장 큰 능력의 기도가 됩니다.

말씀으로 기도하는 유익

말씀으로 기도하는 구체적인 유익은 첫째, 하나님의 말씀을 붙잡고 기도하면 자기 유익과 정욕을 따라 기도하지 않게 됩니다. 우리는 쉽게 우리의 이기적인 본성을 따라 기도할 때가 많습니다. 그런데 하나님의 말씀이 우리 기도의 가이드가 되면, 내 유익보다는 하나님의 영광을 위한 기도로, 말씀이 나를 이끌어주시는 것을 경험하게 됩니다.

둘째, 하나님의 말씀은 우리가 당면한 문제 이면에 문제의 본질이 무엇인지를 보여주시기 때문에 우리가 말씀으로 기도하면 문제의 본질을 간파하며 기도하게 됩니다. 하나님의 말씀이 들어오는 순간, 어떤 문제나 사람 때문에 힘들었던 것이 아니라 내 안에 죄 문제, 나와 하나님과의 관계에 문제가 있었다는 것을 제대로 깨닫게 되는 것입니다.

우리가 자녀들을 키우다보면 자녀에게 해로운 것인데도 자녀가 그것을 사달라고 조르는 경우가 있습니다. 그때 부모가 제대로 바로잡아주듯이 하나님은 우리에게 진정 필요한 것이 무엇인지를 아십니다. 그래서 우리가 말씀으로 기도하면, 하나님은 우리가 먼저 구해야 할 것, 또 진정으로 구해야 할 것이 무엇인지를 드러내주십니다. 그래서 기도하는 삶과 더불어 하나님의 말씀을 얼마나 풍성히 읽고 그 말씀을 이해하느냐가 중요합니다.

말씀으로 기도하는 삶

진실로 진실로 너희에게 이르노니 죽은 자들이 하나님의 아들의 음성을 들을 때가 오나니 곧 이 때라 듣는 자는 살아나리라 요 5:25

하나님의 아들의 음성이 들리면, 즉 말씀이 마음에 붙잡혀지기 시작하면 그 사람은 살아납니다. 여러분, 이제부터 말씀으로 기도하는 삶에 도전해보십시오. 우리 교회에서 늘 '말씀 기도'라는 말을 하는데 그러면 '말씀 기도'란 무엇입니까? 말씀 읽는 삶을 꾸준히 살면서 말씀으로 기도하는 것이 '말씀 기도'입니다. 이제부터 기도의 장소로 가실 때, 꼭 성경을 가지고 가시기 바랍니다. 그리고 단 한 절이라도 말씀을 먼저 읽으십시오. 그리고 기도를 시작해보세요. 그러면 신기하게도 하나님의 말씀이 나의 기도를 인도해 가십니다.

하나님의 약속은 얼마든지 그리스도 안에서 예가 되니 그런즉 그로 말미암아 우리가 아멘 하여 하나님께 영광을 돌리게 되느니라 고후 1:20

말씀 기도는 이 말씀이 그대로 이루어지는 것입니다. 하나님의 약속, 곧 하나님의 말씀은 이미 다 이루어졌습니다. 누구 때문입니까? 바로 예수 그리스도 때문입니다. 하나님의 말씀은 예수 그리스도 안에서 이미 다 "예"가 되었습니다. 예수님이 이미 성취하셨고, 지금도 성취해 나가시며, 모든 말씀이 다 이루어지는 날이 반드시 옵니다. 이 일에 성도들은 "아멘"으로 답하라는 것입니다. 우리가 "아멘" 하면, 하나님이 우리를 통해 말씀을 이루시고, 이 모든 과정이 하나님께 영광이 됩니다. 여기서 "아멘" 하는 것은 하나님의 말씀인 성경을 붙들고, 그것을 입술로 선포하며 기도하라는 것입니다.

우리의 기도를 통해 일하시는 하나님

사랑하는 여러분, 우리 하나님은 온 인류, 모든 역사의 왕이십니다. 지금도 이 세상을 운영하고 계신 분이십니다. 그런데 놀랍게도 왕이신 하나님께서 이 세상을 통치하실 때, 한 가지 특별한 절차를 두셨습니다. 그것은 우리 성도들의 기도가 없이는 일하시지 않겠다고 스스로 제한하신 것입니다.

너희 사방에 남은 이방 사람이 나 여호와가 무너진 곳을 건축하며 황폐한 자리에 심은 줄을 알리라 나 여호와가 말하였으니 이루리라 주 여호와께서 이같이 말씀하셨느니라 그래도 이스라엘 족속이 이같이 자기들에게 이루어주기를 내게 구하여야 할지라 내가 그들의 수효를

양 떼 같이 많아지게 하되 제사 드릴 양 떼 곧 예루살렘이 정한 절기의 양 무리 같이 황폐한 성읍을 사람의 떼로 채우리라 그리한즉 그들이 나를 여호와인 줄 알리라 하셨느니라 겔 36:36-38

하나님께서 뜻을 정하셨지만 하나님은 그저 불도저처럼 혼자 일하지 않으시고, 먼저 성도들의 기도를 요청하십니다(37절). 왜 그렇게 하셨을까요? 하나님이 기도하는 성도들과 함께 교제하며, 하나님의 일을 하고 싶으셨기 때문입니다. 여러분, 말씀으로 기도하는 사람은 하나님의 역사를 경험합니다. 하나님은 내가 한 번도 가보지 못한 나라를 위해, 북한을 위해, 나도 모르는 사람을 위해 기도하게 하십니다. 나의 기도를 통해 하나님의 계획이 이루어진다는 것을 믿으시기 바랍니다. 우리가 기도한 후에 어느 나라의 전쟁이 종식되었다, 전염병이 잠잠해졌다, 완고했던 사람이 예수님을 믿게 되었다는 소식을 듣게 되면 전율을 느낄 것입니다. 그때 하나님이 나를 동역자로 초청하시고, 나와 함께 발맞추어 일하신다는 것을 알게 될 것입니다. 나아가 기도가 얼마나 영광스러운 자리인지, 실제적인 자리인지 경험하게 될 것입니다. 말씀을 붙잡고 기도하시기 바랍니다.

여러분, 이제 예수님과 동행하는 기도의 기둥 옆에 말씀의 기둥을 함께 세워보시기 바랍니다. 주 예수님이 여러분의 삶을 이끌어 가시기를 축복합니다.

오늘의 기도 미션

| 평생 붙들 말씀. 내게 주신 하나님의 말씀을 품고 사는 신앙인이 되게 하소서.

2 오늘도 기도하다가 말씀을 듣고 그 말씀을 품어, 나의 심령이 살아나고 부흥되게 하소서.

3 나의 신앙생활에 말씀과 기도의 두 기둥을 굳게 세우게 하소서.

4 오늘도 말씀으로 기도함으로 한 시간 기도하게 하소서.

18

말씀 기도의 실제

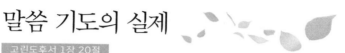

고린도후서 1장 20절

최왕락 목사

말씀을 붙들고 기도하실 때, 우리가 가져야 할 몇 가지 태도가
있습니다. 첫째, 하나님의 말씀을 경외하는 태도로 성경을 펼쳐
야 합니다. 하나님의 말씀을 경외하는 태도란, 주님이 말씀이심
을 믿는 믿음으로 성경을 펴는 것입니다. 성경은 그저 종이와 글

씨가 아닙니다. 성경은 주님이 내게 말을 걸어오시는 책입니다. 이 마음으로 성경을 대해보십시오. 또한 주신 말씀에 무조건 순종하겠다는 것이 말씀을 경외하는 자세입니다.

둘째, 십자가 복음으로 모든 말씀을 해석하는 안경을 삼으십시오. 성경은 십자가 복음 안에서, 생명 안에서 해석해야 하나님의 뜻에 맞습니다. 우리가 노란색 안경을 쓰면 세상이 온통 노란색으로 변합니다. 그렇듯 십자가 복음의 안경을 쓰고 성경을 보면, 성경 구석구석이 전부 예수님 이야기이며, 엄위하고 거룩하신 하나님의 사랑 이야기라는 것을 알게 됩니다.

마지막 태도는 성경의 주인공을 바로 알고 말씀을 읽는 것입니다. 요나서의 주인공이 누구입니까? 룻기의 주인공은 누구일까요? 요나서의 주인공은 요나가 아니며, 룻기의 주인공 역시 룻이 아닙니다. 주인공은 하나님이십니다. 성경 전체는 하나님과 그의 아들 예수 그리스도가 주인공입니다. 이것을 알고 성경을 읽으면 성경 해석이 엉뚱하게 헛나가지 않게 됩니다.

말씀 기도의 구체적인 순서

그러면 말씀 기도의 구체적인 순서는 어떻게 될까요? 먼저 주변을 정돈하고 말씀 기도의 자리에 앉아 찬양으로 마음의 문을 엽니다. 하나님을 높이는 찬양 그리고 가능하면 보혈 찬송을 꼭 부르시기 바랍니다. 보혈 찬송 자체가 무슨 능력이 있는 것이 아니라, 우리가 어떻게 이 기도의 자리에 와서 앉아 있는지 보혈 찬송을 통해 알게 되기 때문입니다. 예수 그리스도의 피, 그 보혈을 흘려주신 은혜로 내가 여기 있으며, 오늘도 내가 예수님으로 인해 은혜의 보좌 앞에 담대히 나아갈 수 있다는 것입니다. 그럴 때 말씀 기도의 자리가 곧 은혜의 자리가 됩니다.

찬양을 부르고 나서 그다음 말씀을 읽습니다. 말씀을 읽을 때, 가능하면 소리 내어 읽어보십시오. 하나님께서 나에게 말씀하신다는 심정으로 말입니다. 내가 읽으면서 동시에 내 귀로 말씀을 듣습니다. 특별히 본문이 너무 길고 어렵다면 성경에 있는 소제목을 한번 활용해보십시오. 이 소제목을 먼저 확인하고 본문을 읽으면, 어떤 내용이 전개되는지를 알게 됩니다.

이제 마지막으로 말씀 기도 순서입니다. 성경을 잠잠히 묵상하고 나에게 주시는 마음으로 기도하는 것입니다. 묵상할 때는 공부하는 것처럼 성경을 자르고 파헤치고 분석하는 것이 아니라 다음의 질문으로 묵상하십시오. "하나님이 오늘 내게 무엇을 말씀하고 싶으실까?", "오늘 이 말씀을 통해 내가 깨닫고 순종해야 할 것은 무엇일까?", "무엇을 붙들고 기도하며 선포하게 하시는가?" 하나님께 이렇게 물으며 말씀을 보시기 바랍니다. 하나님께 말씀을 깨닫는 은혜를 달라고 기도해보십시오. 그러면 하나님께서 여러 방법을 통해 가르쳐주시고 깨닫게 해주십니다.

> 너희 중에 누구든지 지혜가 부족하거든 모든 사람에게 후히 주시고 꾸
> 짖지 아니하시는 하나님께 구하라 그리하면 주시리라 약 1:5

하나님께 지혜를 구하십시오. 중요한 것은 하나님이 깨닫게 해주실 때까지 기다리는 인내의 시간이 있어야 한다는 것입니다. 저는 아침에 처음 말씀을 읽을 때는 잘 모르다가 그 말씀을 마음에 품고 하루를 살아보고, 또 어느 때는 한 주간을 묵상하다 보면, 하나님께서 어느 순간 번뜩 마음에 감동을 주시는 것을 경험하곤 합니다. "아! 그 말씀이 이렇게 하라는 뜻이구나. 이렇게 적용하면 되겠구나. 이렇게 기도하고 간구하고 선포하면 되겠구나!" 여러분, 말씀을 누리고 또 강력하게 기도하는 여러분이 되시기를 축복합니다.

말씀 기도의 적용과 예시

그러면 이제 말씀 한 구절을 붙잡고 '말씀 기도' 하는 실례를 소개하겠습니다.

> 유다 왕 여호야김이 다스린 지 삼 년이 되는 해에 바벨론 왕 느부갓네

살이 예루살렘에 이르러 성을 에워쌌더니 주께서 유다 왕 여호야김과 하나님의 전 그릇 얼마를 그의 손에 넘기시매 그가 그것을 가지고 시날 땅 자기 신들의 신전에 가져다가 그 신들의 보물 창고에 두었더라

단 1:1,2

먼저 다니엘서 1장 1,2절을 읽고 내용을 파악합니다. 이때 육하원칙을 사용해보십시오. 언제 벌어진 일인가요? 유다 왕 여호야김이 다스린 지 삼 년이 되는 해입니다. 어디서 일어난 일인가요? 예루살렘에서 벌어진 일입니다. 무슨 일이 벌어진 것인가요? 바벨론 왕 느부갓네살이 예루살렘에 이르러 성을 에워싸고, 유다 왕 여호야김과 하나님의 성전 그릇을 자기 나라로 가져갔다는 것입니다. 이것이 1,2절의 내용입니다.

그런데 제가 이 말씀을 읽고 내용을 파악하고 묵상하면서, 마음에 감동이 오는 것이 있었습니다. 2절을 시작하면서, 느부갓네살 왕이 여호야김 왕을 자기 땅으로 데려갔다고 나오지 않고, "[주께서] 여호야김 왕을 넘기셨다"라는 말씀이 나옵니다. 바벨론 왕 느부갓네살이 힘이 세고 강해서 예루살렘을 침공해 들어온 것이 아니라 주께서, 하나님께서, 그렇게 하신 것이라고 말씀이 깨달아졌습니다. 그리고는 '이 세상의 왕은 우리 하나님이시지. 하나님의 허락이 없이는, 세상에서 가장 강력한 나라도 함부

로 움직일 수가 없지. 내가 이것을 믿어야겠구나. 이 믿음으로 기도해야겠구나'라는 마음이 생겼습니다.

그리고 기도할 때 이 믿음으로 말씀을 붙잡고 기도했습니다. "주님, 느부갓네살 왕이 강력해서 예루살렘이 망한 것이 아니라, 주께서 넘기셨음을 봅니다. 내 삶과 역사의 주권이 하나님의 손에 있음을 선포합니다. 오늘도 염려와 걱정으로 살지 않게 하시고, 왕이신 하나님을 인정하며 의지하게 하소서." 그리고 기도의 범위를 넓혀서 "주님, 북한 땅도 주님의 손에 있음을 선포합니다. 우리 눈에 악한 정권이 저 북한을 장악하고 있는 것 같지만, 하나님께서 지금도 모든 것을 사용하셔서 그 땅에 큰 부흥을 주시려는 것임을 믿습니다. 속히 북한 땅의 문이 열리고, 주의 복음이 선포되고, 영혼들이 구원을 받게 하소서" 이렇게 기도했습니다.

제가 간단히 설명해 드렸지만 이렇게 말씀을 묵상하고 주신 감동으로 선포하고 기도하는 것입니다. 그러면 알게 됩니다. 하나님의 말씀은 반드시 이루어지며 나 역시 지금 그 말씀에 동참하고 있다는 것을 깨닫게 될 것입니다. 말씀 기도에 꼭 도전해보시고, 말씀의 기둥, 기도의 기둥을 세워가시기 바랍니다.

오늘의 기도 미션

1 말씀을 깨달아 아는 지혜를 주시고, 깨닫는 말씀으로 기도하는 삶을 살게 하소서.

2 주께서 말씀하실 때까지 잠잠히 기다리는 인내의 열매를 맺게 하소서.

3 주께서 말씀하시면 "아멘" 하며 순종하는 삶을 살게 하소서.

19

기도하기 전
속단하지 말라

열왕기하 6장 14-19절

유재일 목사

내 영혼에 주는 가장 좋은 선물

우리는 자기 자신을 꾸미고 가꾸는 데 아낌없이 투자하고, 스스
로에게 선물하기 좋아하는 그런 시대를 살고 있습니다. 자신의
삶에서 어떤 분기점이나 전환점을 맞이할 때, 수고한 자기 자신
에게 여행이라는 보상을 주기도 하고, 평소 갖고 싶던 비싼 물건

을 선물하기도 합니다. 그런데 정작 여러분의 영혼에는 어떤 선물을 주고 계십니까? 하나님의 자녀인 우리 자신, 내 영혼에게 줄 수 있는 가장 좋은 선물이 무엇일까요? 그것은 바로 기도입니다. 나에게 주는 선물로 기도보다 더 좋은 것은 없습니다.

기도를 들으시는 주님께 내 마음, 상황의 형편을 있는 그대로 기도하기 시작하면, 가장 먼저 주님이 지금 나와 함께하고 계신다는 사실이 믿어집니다. 그러면 어둡고 불안한 마음에 변화가 일어납니다. 함께하시는 주님이 내 기도를 들으시고 상황을 열어가실 것이라는 믿음이 생깁니다. 기도는 하나님의 자녀에게만 허락된 선물이자 특권입니다. 그런데 안타깝게도 많은 그리스도인이 이 선물을 열어보지도 않고 그냥 두는 경우가 참 많습니다. 내게 허락된 선물이라는 것을 몰라서 그런 것이지요.

기도하면 믿음의 눈이 열린다

본문 말씀에서는 두 사람이 등장합니다. 한 사람은 기도의 사람이었던 엘리사 선지자이고, 또 한 사람은 엘리사의 종입니다. 아람 왕이 엘리사를 붙잡기 위해 군대를 보냈고 그들이 밤에 엘리사가 있는 성읍을 포위했습니다. 아람 군대는 날이 밝으면 당장이라도 공격할 기세로 성을 둘러싸고 있었습니다. 아침 일찍 일어난 엘리사의 종은 성읍을 빽빽하게 포위한 아람 군대를 보고 깜짝 놀라 엘리사 선지자에게 이 사실을 알렸습니다. 그런데 그 이야기를 들은 엘리사는 무덤덤했습니다.

엘리사와 그의 종이 처한 현실은 똑같았습니다. 아람 군대가 노리는 것은 엘리사이니 오히려 엘리사가 더욱 긴장해야 되는 상황입니다. 그러나 현실을 보는 두 사람의 눈과 믿음은 달랐습니다. 비록 대적에게 둘러싸여 있었지만, 엘리사는 그것과 비교할 수 없을 정도로 강한 주님이 함께하고 계신 것을 믿었습니다. 엘리사는 종에게 "두려워하지 말라"고 하면서 그가 자신이 보는 것을 똑같이 보도록 기도해주었습니다.

대답하되 두려워하지 말라 우리와 함께 한 자가 그들과 함께 한 자보다 많으니라 하고 기도하여 이르되 여호와여 원하건대 그의 눈을 열어서 보게 하옵소서 하니 여호와께서 그 청년의 눈을 여시매 그가 보니 불말과 불병거가 산에 가득하여 엘리사를 둘렀더라 왕하 6:16,17

기도 후에 청년의 눈이 열렸습니다. 비로소 산에 가득한 수많은 천군 천사, 불말과 불병거를 보았습니다. 이 말씀은 평상시에 우리가 어떤 눈으로 상황을 봐야 하는지를 알려줍니다. 사실 눈에 보이지 않았을 뿐이지 불말과 불병거는 어디서 나타난 것이 아니라 이미 그곳에 있었습니다. 이미 있는 것을 본 것입니다.

핵심은 우리 눈앞에 있는 어려움으로만 모든 것을 판단하지 말고, 주님의 눈으로 보는 것입니다. 마땅히 품어야 할 마음과 눈을 주님이 주시기 전까지, 우리는 어떤 일도 함부로 먼저 속단하지 말아야 합니다.

눈이 열린 종은 비로소 영적인 실상을 보고 두려움이 사라졌습니다. 여러분, 결코 보이는 것이 전부가 아닙니다. 보이는 일 이면에 주님은 반드시 역사하고 계십니다. 주님은 기도하는 사람에게 그 일을 알리시고 보게 하십니다. 기도하는 사람은 어떤 상황일지라도 주님이 함께하신다는 사실을 놓치지 않습니다. 그래서 염려에 사로잡히지 않게 됩니다. 오히려 주님의 눈으로 보고, 주님의 마음을 품고, 기대합니다. "앞으로 어떤 일이 일어날까? 지금 상황에서 주님의 뜻은 무엇일까? 어디에 주님의 마음이 있을까?"

주께 맡기고 기도하면 길이 보인다

여러분 중에는 지금 삶의 형편이 자신의 예상과는 전혀 다른 방향으로 흘러가고 있는 분도 계실 것입니다. 막다른 골목에 이른 것 같은 어려움을 만난 분, 도무지 끝나지 않는 고난의 터널을 지나가고 계신 분, 눈물밖에 나오지 않는 때를 보내는 분도 계실 것입니다. 그런데 여러분, 어떤 상황을 마주하고 있더라도

기도할 수 있으면 끝이 아니고, 기도하고 있으면 주님이 열어가
시는 길을 반드시 만나게 됩니다.

염려하지 말고 주께 맡기십시오. 주께 맡기면 됩니다. 기도하
면 됩니다. 오늘 말씀에서 아람 군대가 산에서 내려오자 엘리사
는 하나님께 이렇게 기도했습니다.

그 기도대로 하나님은 아람 군사의 눈을 어둡게 하셨습니다.
눈이 먼 아람 군대는 싸울 수 없었고, 엘리사는 적군과 전혀 싸
우지 않고 위기에서 벗어났습니다. 눈이 먼 그들은 엘리사를 따
라 엉뚱한 사마리아로 가게 됩니다. 육신의 눈뿐만 아니라 판단
력도 흐려졌습니다. 주님은 도무지 길이 보일 것 같지 않은 상황
에서도 길을 열어주셨습니다.
　여러분, 하루 중 다른 것은 다 포기하고 미뤄도, 기도의 시간
만큼은 어떻게든 사수하시기 바랍니다. 그것이 여러분 자신이

생명을 누리는 삶입니다. 여러분 주변에 엘리사의 종과 같이 눈에 보이는 현실로 두려워 떨고 있는 사람의 눈을 열어주는 길입니다. 또한 영적으로 눈이 멀고 판단력도 흐려져서 도무지 어떻게 살아야 할지 모르는 이 세상 수많은 사람에게 길을 제시하고 복음을 증거하는 길입니다.

우리에게 선물로 주신 기도를 지금 바로 열어보십시오. 모두 기도의 사람이 되어 기도의 기쁨과 능력을 누리며 살아가시기를 예수님의 이름으로 축복합니다.

오늘의 기도 미션

1 모든 일에 기도하고 판단하고 결정하는 삶을 살게 하소서.

2 엘리사처럼 주님의 눈으로 보고 믿는 삶을 살게 하소서.

3 모든 염려를 주께 맡기라고 하신 말씀을 붙잡고 담대히 오늘 하루를 살게 하소서.

20

생명의 능력이 흐르게 하라

열왕기하 5장 9-14절

박지훈 목사

생명의 능력을 흘려보내는 그리스도인

하나님은 자기 자신을 "나는 너희를 치료하는 여호와임이라"(출
15:26)라고 소개하십니다. 하나님은 우리가 병든 것을 긍휼히 여
기시고 치료하기를 원하시며, 우리의 육신뿐 아니라 육신보다
더 중요한 영혼까지 치료하기를 원하시고, 또 치료할 능력이 있

는 분이십니다. 하나님께서는 우리의 영과 육을 치료하기 위하여 우리의 죄와 믿음을 다루십니다. 우리의 영적인 상태가 온전해지기를 간절히 원하십니다. 그 일을 위해 온전한 믿음의 사람들을 통해 이 땅 가운데 생명의 능력을 흘려보내어 영과 육이 병든 자들을 고치는 놀라운 역사를 이루십니다. 그리스도인들이 이 땅의 병든 영혼들을 위하여 생명의 능력을 흘려보내는 자리에 서야 합니다.

오늘 말씀에 등장하는 나아만은 아람 왕의 군대 장관이었습니다. 그는 왕이 아끼는 크고 존귀한 자였지만, 나병을 앓고 있었습니다. 세상에서 아무리 크고 존귀한 자라고 해도 그는 나병 환자였고, 그 앞에 칭호 따위는 아무 의미가 없었습니다. 이것이 질병이 갖는 무서움입니다. 더욱이 나병은 그의 육신만 병들게 한 것이 아니라 그의 사회적 지위까지 소용없게 만드는 심각한 질병이었습니다.

오늘날 많은 사람이 이런 상태에 있습니다. 아무리 세상에서 크고 존귀한 자라 하더라도, 그의 영혼이 병들어 있는 이상 그가 이룬 것은 하나님 앞에 아무런 의미가 없습니다. 하나님 앞에서 그는 나병 환자일 뿐입니다. 그래서 이 땅에는 생명의 능력을 흘려보내는 성도들이 필요합니다. 나아만 곁에 생명의 능력을 흘려보내는 믿음의 사람이 있었습니다. 바로 나아만의 아내의 시중을 들던 어린 여종이었습니다. 이 여종이 여주인에게 말합니다.

우리 주인이 사마리아에 계신 선지자 앞에 계셨으면 좋겠나이다 그가 그 나병을 고치리이다 왕하 5:3

여종의 입장에서 이런 말을 꺼내는 것은 결코 쉬운 일이 아니었습니다. 혹시 나아만이 그 말을 듣고 엘리사에게 갔다가 고침을 받지 못하고 돌아오면 여종은 그날로 죽게 될 것이 뻔했습니다. 그러나 이 여종은 확신에 차서 선지자가 주인의 나병을 고칠 것이라고 말했습니다. 그러니까 이 여종은 진정으로 믿은 것입니다. 자신의 말대로 이루어지지 않으면 자기가 죽게 될 것을 뻔히 알면서도 이렇게 확신에 차서 말한다는 것은 그의 믿음이 정말 놀라운 믿음이라는 것을 보여줍니다. 결국 이 어린 소녀의 온전한 믿음이 나아만을 엘리사에게 나아가게 하였고 그를 완전한 회복의 시작점에 서게 하였습니다.

믿음으로 나아오는 자를 치료하시는 하나님

우리는 하나님께서 지금도 기적을 행하신다는 것을 분명히 믿어야 합니다. 주님은 우리를 병에서 건지시기 위해 우리 가운데 계십니다.

우리가 질병을 고치시는 주님을 믿는 분명한 믿음을 가지고, 믿음으로 말하고, 믿음으로 행동할 때, 주님께서는 우리를 통하여 이 땅 가운데 생명의 능력을 흘려보내십니다. 우리를 통하여 영적인 나병에 걸려 있는 이 땅의 나아만들이 육신의 질병은 물론이고, 영적인 질병까지도 고침을 받는 은혜의 길에 서게 될 것입니다. 그 사실을 분명히 믿는 믿음으로 오늘도 각자의 삶의 자리에서 생명의 능력을 흘려보내시기를 축복합니다.

이제 나아만은 엘리사 앞에 섰습니다. 그는 자신의 육신의 질병을 고침 받기 위하여 엘리사 앞에 섰지만, 하나님은 그의 영혼까지 고치기를 원하셨습니다. 그래서 그에게 한 번이 아니라 일곱 번이나 요단강에서 몸을 씻으라고 말씀하신 것입니다. 한 번 씻고, 두 번 씻고, 세 번, 네 번을 씻어도 낫지 않는 몸을 보면서 나아만은 속으로 '그만둘까?' 하는 마음이 얼마나 많이 들었을까요? 그럼에도 나아만은 일곱 번을 다 채울 때까지 요단강에 몸을 씻었습니다. 자신의 뜻을 굽히고 하나님의 말씀에 복종하는 그 순종을 통하여 그는 나병이 치유되었고, 그뿐만 아니라 그의 영혼까지 구원을 받았습니다.

우리가 치유를 위하여 영혼 구원을 위하여 얼마나 기도해야 주님께서 응답해주실지 우리는 알지 못합니다. 다만 확실한 것은 우리가 한 번 두 번 기도할 때마다 주님께서 역사하실 그 날이 가까워지고 있다는 사실입니다. 왜냐하면 주님은 항상 우리를 치료하기 원하시기 때문입니다. 그러니 우리만 포기하지 않으면 됩니다. 끝까지 기도하는 순종으로 주님 앞에 있기만 하면 됩니다. 그러면 주님께서 반드시 우리의 육신의 질병, 영혼의 질병까지 모두 치료해주실 것입니다.

오늘의 기도 미션

1 생명의 능력을 흘려보내는 성도들이 더 많이 일어나게 하소서.

2 끝까지 순종하는 믿음을 허락하소서. 기도하면 할수록 주님의 때에 가까이 가고 있다는 믿음을 갖게 하시고 포기하지 않게 하소서.

3 육신과 영혼의 질병으로 어려움 당하는 성도들에게 치료하시는 하나님의 역사가 속히 임하게 하여주소서.

기도로 사는
사람이 되라

21

삶을 바꾸는 기도

역대상 4장 9,10절

박지훈 목사

기도는 우리 인생을 바꾼다

하나님께서는 비천한 우리의 인생을 귀중한 인생으로 바꾸기를 원하십니다. 그래서 우리에게 기도하라고 하시는 것입니다. 기도는 우리의 인생을 기적과 같이 바꾸는 놀라운 능력입니다. 본문 말씀은 야베스가 그의 형제보다 귀중한 자라고 말씀합니다.

그런데 야베스가 처음부터 존귀한 자는 아니었습니다. 야베스의 기도를 보면 그의 마음이 얼마나 괴로움 가운데 있었는지가 잘 드러납니다.

주의 손으로 나를 도우사 나로 환난을 벗어나 내게 근심이 없게 하옵소서 대상 4:10

그의 삶에 얼마나 어려운 일이 많고 근심거리가 많았으면 이런 기도를 하겠습니까? 사람들은 웬만한 일 가지고는 환난이라고 표현하지 않습니다. 야베스가 처해 있던 상황과 환경이 보통 어려운 것이 아니었던 것을 짐작해볼 수 있습니다. 그런데 그의 기도가 그의 삶을 바꿨습니다. 야베스가 도대체 어떤 기도를 드렸기에 이렇게 비천한 삶 가운데서 그의 형제 중에 가장 높임을 받는 존귀한 삶으로 변화될 수 있었을까요?

야베스의 기도 비밀 1 - 믿음으로 드리는 기도

먼저 야베스는 믿음으로 기도하는 사람이었습니다. 야베스는 하나님이 복을 주시는 분이라는 사실을 믿었습니다. 민수기 6장에 보면 하나님께서 자신의 마음을 이렇게 밝히십니다.

여호와께서 모세에게 말씀하여 이르시되 아론과 그의 아들들에게 말하여 이르기를 너희는 이스라엘 자손을 위하여 이렇게 축복하여 이르되 여호와는 네게 복을 주시고 너를 지키시기를 원하며 여호와는 그의 얼굴을 네게 비추사 은혜 베푸시기를 원하며 여호와는 그 얼굴을 네게로 향하여 드사 평강 주시기를 원하노라 할지니라 하라 민 6:22-26

여러분, 이것이 하나님의 본심입니다. 하나님은 우리에게 복 주시기를 원하고, 우리를 지키시기를 원하는 분입니다. 하나님은 우리에게 은혜와 평강 주시기를 원하십니다. 야베스는 이 사실을 분명히 믿었기에 하나님께 복을 달라고 기도할 수 있었던 것입니다. 하나님께서 복을 주시는 분이라는 사실을 믿지 않으면서 복을 달라고 기도할 수는 없습니다. 하나님께서 병을 고쳐 주시는 분이라는 사실을 믿지 않는데 병을 고쳐달라고 기도할 수는 없습니다. 그러므로 우리의 기도 자체가 우리의 믿음을 드러내는 것입니다. 우리가 하나님께 무엇인가를 구하고 있다면, 그것은 하나님께서 우리가 구하는 그것을 주실 수 있는 분이라는 사실을 믿는 믿음이 우리에게 있다는 것을 드러내는 것입니다.

그러니 여러분, 기도하십시오. 하나님께 무엇인가를 구하고 있다는 그 자체가 우리의 믿음을 주님께 보이는 것입니다. 주님께서 우리의 믿음을 확인하실 수 있는 방법이 기도하는 것입니다. 우리가 믿음으로 구하면, 주님은 반드시 응답하십니다. 주님께 복을 달라고 구하면 복을 주시고, 평강을 달라고 구하면 평강을 주실 것입니다. 주님은 그 모든 것을 주실 수 있고, 또 주기 원하시는 분입니다. 우리가 야베스와 같이 기도로 우리의 믿음을 주님께 보이는 사람이 되기를 소원합니다. 주님께서 역사하실 수 있도록 믿음의 기도로 주님 앞에 나아가시기를 축복합니다.

야베스의 기도 비밀 2 - 하나님나라의 부흥과 확장을 위한 기도

또한 야베스는 하나님나라의 확장과 부흥을 위하여 기도했습니다. 이스라엘에게 있어서 땅은 개인의 소유가 아니었습니다. 하나님께서는 가나안 땅을 정복한 이스라엘 백성에게 지파별로 땅을 분배해주셨습니다. 그리고 그 땅이 다른 지파에게 넘어가지 못하도록 보호하는 법도 마련해주셨습니다. 그러니 야베스가 기도했던 "나의 지역을 넓히시고"라는 기도는 개인의 소유가 많아지게 해달라는 기도가 아니며, 다른 지파의 땅을 빼앗아 올 수 있게 해달라는 기도도 아닙니다.

이 당시에 한 지파의 지역이 넓어지는 방법은 딱 한 가지였습니다. 이방 민족들을 몰아내고 그 땅을 차지하는 것입니다. 당시

한 시간 기도로 살기

가나안 땅에는 여전히 우상숭배하면서 하나님을 경외하지 않는 이방 족속들이 살고 있었습니다. 이런 상황에서 야베스는 그들을 물리치고 그 땅 가운데에도 하나님의 통치가 임할 수 있도록 자신을 사용해달라고 기도한 것입니다. 야베스는 가나안 땅 가운데 하나님께서 다스리시는 하나님의 나라가 더욱 확장되고, 하나님께서 영광 받으시는 그날이 임하기를 기도했습니다.

하나님이 보시기에 이런 기도를 드리는 야베스가 얼마나 귀했겠습니까? 자기 자신의 문제만 가지고 애걸복걸하는 사람과 하나님나라의 확장과 부흥을 위해서 기도하는 사람 중에서 누구를 더 귀하다고 말씀하시겠습니까? 당연히 하나님의 나라를 위하여 기도하는 사람이 아니겠습니까? 우리가 믿음으로 기도하되 하나님께서 보시기에 더 귀중한 기도자가 되어야 합니다. 하나님의 나라를 위한 기도, 나라와 민족과 이 땅의 교회를 위하여 드리는 기도가 하나님의 시선이 우리를 향하도록 만드는 귀하고 복된 기도라는 사실을 기억해야 합니다.

믿음으로 드리는 기도, 하나님나라의 부흥과 확장을 위한 야베스의 기도가 그의 인생을 환난과 근심이 가득한 인생에서 귀중한 인생으로 변화시켰다는 것을 기억하십시오. 오늘 우리도 기도를 통하여 주님께 우리의 믿음을 보이며 하나님의 나라와 그의 의를 구하는 귀중한 기도자로 서는 날이 되시기를 주님의 이름으로 축복합니다.

오늘의 기도 미션

1　기도하는 것 자체가 나의 믿음을 주님 앞에 보이는 행위라는 사실을 기억하고 늘 기도의 자리에 있게 하소서.

2　기도가 우리의 인생을 바꾸는 놀라운 능력임을 믿게 하소서.

3　개인의 기도 제목을 넘어서 하나님나라의 확장을 위하여, 나라와 민족을 위하여, 한국 교회를 위하여 기도하는 더 귀중한 기도자가 되게 하소서.

22

하나님께서 쉬지 못하시게 하는 기도

이사야서 62장 6,7절

김영광 목사(임마누엘교회 담임)

하나님의 선하신 뜻이 이루어지기를 갈망하는 성도

본문 말씀은 기도하는 자들에게 정말 놀라운 말씀입니다. 하나님께서는 모든 일을 행하시는 분이고, 완전한 회복을 위해 쉬지 않겠다고 말씀하셨습니다. 그런데 더 놀라운 것은 하나님을 쉬지 못하게 하는 이가 바로 우리라는 것입니다. 이것은 우리가 하나님을 부린다는 의미가 아닙니다. 우리가 기도하는데 하나님께서 잠잠히 계실 수가 없다는 것입니다. 우리가 잘 아는 것처럼 하나님은 무엇이 더 필요하신 분이 아닌데도 하나님의 일에 우리를 동참시켜주십니다. 그 이유는, 우리와 함께 이 땅에 주님의 일을 이루고 싶어 하시기 때문입니다. 그리고 여호와께서 세상에서 찬송 받으시는 그날 그 자리에서 그 영광을 함께 맛보게 하시려는 것이 하나님의 놀라운 계획입니다.

당시 온갖 박해 속에서도 하나님이 이스라엘을 향해 품고 계셨던 선하신 뜻이 이루어지기를 기도했던 자들이 있었습니다. 그들이 진짜 원했던 것은 무엇이었을까요? 자신의 영광이나 자신의 만족이었을까요? 그렇지 않습니다. 오직 그들이 원했던 것은 세상 가운데 하나님의 뜻이 이루어지고 하나님이 찬송을 받으시는 것입니다.

또 여호와께서 예루살렘을 세워 세상에서 찬송을 받게 하시기까지 그로 쉬지 못하시게 하라 사 62:7

누가 쉬지 않고 기도할 수 있습니까? 바로 이 갈망이 있는 성도입니다. 내 뜻과 소원이 이루어지기를 구하지 않고, 이 땅을 향한 하나님의 선하신 계획이 이루어지기를 갈망하는 것입니다.

마침내 그 뜻이 이루어져 하나님이 이 땅에서 찬송 받으시기를 진정으로 갈망하는 성도는 오늘도 쉬지 않고 기도하게 됩니다.

시대마다 역사의 한복판에 그런 성도가 있었습니다. 우리가 여기까지 올 수 있었던 것도 바로 그러한 기도자가 있었기 때문이었습니다. 지금이야말로 이 땅에 하나님나라가 이루어지고, 하나님의 선하신 뜻이 이루어지는 것이 필요합니다. 전 세계적으로 일어나는 재앙과도 같은 일들, 우리나라에 일어나고 있는 무서운 죄악들, 동성애, 분열 등을 보면서 방법은 하나밖에 없다는 생각이 듭니다. 이 땅에 하나님의 선하신 뜻이 이루어지는 것입니다.

먼저 그의 나라와 의를 구하는 기도

솔로몬이 아버지 다윗 대신 성전을 지어 하나님께 봉헌했을 때, 하나님께서 다음과 같이 말씀하셨습니다.

내가 이미 네 기도를 듣고 이 곳을 택하여 내게 제사하는 성전을 삼았으니 혹 내가 하늘을 닫고 비를 내리지 아니하거나 혹 메뚜기들에게 토산을 먹게 하거나 혹 전염병이 내 백성 가운데에 유행하게 할 때에 내 이름으로 일컫는 내 백성이 그들의 악한 길에서 떠나 스스로 낮추고 기도하여 내 얼굴을 찾으면 내가 하늘에서 듣고 그들의 죄를 사하

우리가 나라와 민족의 고통을 가슴에 품고 하나님께 기도하면 이 나라와 민족을 고쳐주신다는 것입니다. 여러분, 우리가 기도하면 하나님의 나라가 이루어집니다. 우리가 기도하는 그곳에서 하나님이 영광과 찬송을 받으십니다. 그러므로 예수 믿는 우리는 당연히 우리나라의 정치, 사회, 경제, 문화, 교육, 모든 영역에 하나님의 나라가 임하기를 기도해야 합니다.

그러나 누구나 이런 기도를 할 수 있는 것은 아닙니다. 십자가를 통과한 성도만이 이렇게 기도할 수 있습니다. 내 뜻, 내 계획, 내 소원에 대해 죽은 성도만이 하나님의 나라와 하나님의 뜻이 이루어지기를 구하는 기도를 할 수 있습니다. 그럼 "내 문제는 어떻게 해야 하나요?" 고민하는 성도들이 있으실 것입니다. 그 문제는 하나님이 책임져주십니다. 먼저 하나님의 나라를 위해 기도하면 하나님은 그런 우리를 살려주십니다.

그런즉 너희는 먼저 그의 나라와 그의 의를 구하라 그리하면 이 모든 것을 너희에게 더하시리라 마 6:33

여러분, 우리가 "여호와로 기억하시게 하는 자"임을 기억하고,

"주님 쉬지 말아주십시오, 저도 절대 기도를 쉬지 않겠습니다" 이런 심정으로 오늘도 기도를 이어가시기를 축복합니다.

오늘의 기도 미션

1 하나님의 나라와 의를 먼저 구하는 기도자가 되게 하소서.

2 하나님의 나라와 뜻이 이 나라 모든 영역과 가정과 교회에 이루어지게 하소서.

3 기도를 쉬지 않게 하시고 기도를 쉬고 있는 자가 다시 기도의 자리로 나아오게 하소서.

23

하늘의 권능이
임하는 기도

사도행전 4장 23-31절

김영광 목사(임마누엘교회 담임)

대주재가 되신 하나님께 기도하라

성령 충만한 성도의 특징은 기도입니다. 성령 충만한 성도는 문제를 만나면 괴로워하거나 사람을 찾아다니기보다, 기도의 자리를 먼저 찾습니다. 초대교회 성도들이 그랬습니다. 초대교회 지도자였던 베드로와 요한이 붙잡혔다가 풀려났습니다. 예수의 이름으로는 말하지도 말고 가르치지도 말라는 경고를 받고 풀려난 뒤 베드로와 요한은 제일 먼저 믿음의 동역자들을 찾아가 산헤드린 공회원들이 예수님을 전하는 자들을 죽이려 한다는 사실을 전합니다. 그러자 그 자리에 있던 모든 성도가 일제히 한마음으로 소리 높여 하나님께 기도하기 시작했습니다.

> 그들이 듣고 한마음으로 하나님께 소리를 높여 이르되 대주재여 천지와 바다와 그 가운데 만물을 지은 이시요 행 4:24

사람이 다급한 처지에 놓이면 그때는 그가 진정으로 믿는 대상이 누구인지 드러나게 되어 있습니다. 성령으로 충만했던 초대교회 성도들은 예상하지 못했던 문제가 생기고, 고난과 핍박이 닥치자 제일 먼저 하나님을 찾고 엎드려 기도했습니다. 초대교회 성도들은 자신들을 죽이고 살리는 권한이 산헤드린 공회원들에게 있는 것이 아니라 만물의 주관자가 되시는 하나님께 있음을 분명히 믿고 있었습니다.

여러분, 갑자기 당한 질병의 어려움, 가정의 문제, 사업의 어려움, 예상하지 못했던 문제를 만났을 때 문제만 바라보지 마십시오. 독초는 씹을수록 독이 나오듯 문제는 씹을수록 우리를 힘들게 만들 뿐입니다. 대주재가 되신 하나님을 바라보십시오.

우리가 기도해야 하는 이유가 바로 여기에 있습니다.

상황이 아니라 나를 바꾸는 기도의 능력

기도하는 것도 중요하지만, 어떻게 기도하는지도 대단히 중요합니다. 여러분이 이러한 상황이라면 어떻게 기도해야 맞습니까? "하나님, 저놈들이 우리의 사역을 방해하고 있습니다. 이 문제를 해결해주세요. 우리 눈앞에서 저 원수들이 사라지게 해주세요." 이렇게 기도하는 것이 맞을까요? 그런데 우리가 늘 하는 기도가 이런 기도 아닙니까? "하나님, 질병이 떠나가게 해주세요", "하나님, 힘들어요", "이 문제를 해결해주세요", "어려움이 없게 해주세요" 우리가 드리는 대부분의 기도는 어려움이 없는 편한 길을 구하는 기도입니다. 그런데 초대교회 성도들의 기도는 달랐습니다.

주여 이제도 그들의 위협함을 굽어보시옵고 또 종들로 하여금 담대히 하나님의 말씀을 전하게 하여 주시오며 행 4:29

초대교회 성도들은 문제가 없어지게 해달라거나, 편한 길로 인도해달라고 기도하지 않았습니다. 오히려 용기를 달라고 기도했습니다. 어떤 용기입니까? 죽음의 위협 속에서도 굴하지 않고 하나님의 말씀을 전할 수 있는 용기와 능력을 달라고 기도했습니다. 오늘 초대교회 성도들의 이 기도가 바로 저와 여러분의 기도가 될 수 있기를 축복합니다. 여러분, 문제를 치워달라고 기도하지 마십시오. 악한 자가 내 눈앞에서 사라지게 해달라고 기도하지 마십시오. 문제가 없고, 악한 자가 없는 곳은 이 세상 어디에도 없습니다.

우리도 문제가 크기 때문에 두려워하고 힘들어하는 것이 아닙니다. 내가 그 문제를 뛰어 넘어갈 수 없기 때문에 두려워하고 힘들어하는 것이지요. 그런데 하나님은 하나님의 자녀 된 우리가 사람 때문에 힘들다고, 상황이 어렵다고, 그 문제를 빨리 해결해달라고 울며 떼쓰는 것을 원하지 않으십니다. 오히려 하나님의 능력을 구하고, 그 능력으로 문제를 뛰어넘는 자가 되기를 원하십니다. 그 능력은 오직 하나님께 있습니다. 우리에게는 하늘로부터 내려오는 능력이 필요합니다. 우리도 제자들처럼 능력을 달라고 기도해야 합니다.

기도는 하나님의 능력이 임하는 통로다

초대교회 성도들이 기도를 마쳤을 때 놀라운 일이 벌어졌습니다.

기도는 이처럼 위로부터 내려오는 능력을 경험하게 합니다. 중국의 워치만 니가 밤에 꿈을 꾸게 됩니다. 큰 강을 건너가던 중에 큰 바위 때문에 도저히 어떻게 할 수 없는 상황이 되었습니다. 그래서 주님께 기도했습니다. "주님, 이 바위를 좀 치워주세요." 그때 주님께서 물으셨습니다. "내가 이 바위를 치워주랴, 아니면 이 바위를 넘어가게 해주랴?" 그래서 그가 바위를 넘어가게 해달라고 기도했습니다. 그러자 강물이 불어나 그 바위 위로 지나가게 되었다고 합니다.

여러분, 강물이 불어나 바위를 넘게 되는 것처럼 아무리 커다란 문제가 우리 앞에 있다 할지라도 위로부터 능력이 부어지면 그 문제를 넘어갈 수 있습니다. 그것이 바로 하나님의 능력입니다. 이 능력이 우리에게 임하는 통로가 바로 기도입니다. 우리는 흔히 기도하면 내가 원하는 대로 모든 상황이 바뀌게 될 거라고 생각합니다. 하지만 그렇지 않습니다. 기도는 상황을 바꾸기 위해서 하는 것이 아니라 내 자신이 바뀌기 위해서 하는 것입니다. 내가 위로부터 내려오는 능력으로 충만해지면 상황은 더 이상 문제가 되지 않습니다. 기도자 여러분, 기도로 하늘의 권능을 경험하기를 축복합니다.

오늘의 기도 미션

1 무슨 일을 만나든 제일 먼저 기도하는 자가 되게 하소서.

2 문제가 없어지는 것이 아니라 어떤 문제든 감당할 수 있는 성령의 능력을 부어 주소서.

3 참 어려운 때를 만난 한국 교회와 성도들이 오직 성령의 충만함을 입고 살게 하 소서.

24

자녀들을 위하여 기도하라

출애굽기 17장 11-13절

엄재현 목사

자녀를 위한 부모의 기도

모세가 이스라엘 백성을 데리고 출애굽하고 나서 처음으로 아말렉이라는 이방 족속과 전쟁을 하게 되었습니다. 이때 하나님께서는 모세에게 산 위에 올라가 손을 들고 기도하라고 말씀하셨습니다. 산 아래에서는 여호수아의 군대가 아말렉과 싸웠습니다.

그런데 재미있는 것은 모세가 손을 들고 기도를 하면 여호수아의 군대가 이기고, 모세의 손이 내려오면 여호수아의 군대가 밀렸다는 것입니다. 시간이 흘러 지친 모세의 팔이 내려오면 옆에서 아론과 훌이 모세의 팔을 붙들어 올려 기도를 도왔다고 나옵니다.

이것은 다음 세대를 위하여 기도하는 데 아주 중요한 열쇠가 되는 말씀입니다. 다음 세대를 위해 기도한다, 혹은 자녀를 위해 기도한다고 할 때 어떻게 기도하십니까? 저는 부모가 되면 당연히 자녀를 위해 열심히 기도하게 되는 줄 알았습니다. 그러나 부모가 되고 나서 자녀를 위해 기도하는 것이 쉽지 않다는 것을 알게 되었습니다. 그런데 왜 부모가 자녀를 위해 기도하는 일이 자연스럽지 않고 어려운 일이 되었을까요? 제가 깨달은 것은 눈에 보이지 않기 때문이라는 것입니다.

자녀가 어릴 때 아이가 어린이집에 가기 전에는 늘 아이 엄마가 아이를 돌봅니다. 이때는 아이가 종일 무엇을 하는지, 무엇을 먹는지 부모가 모르는 것이 없습니다. 그런데 아이가 커갈수록 아이는 부모와 분리되어서 부모가 알 수 없는 아이의 세계가 더 많아집니다. 그래서 부모는 선생님이 해주는 단편적인 이야기들 외에 아이의 하루에 대해서 잘 모르게 됩니다.

자녀들이 초등학교에 가고 중학교, 고등학교에 가면 부모는 아이들에 대해서 모르는 것이 더 많아집니다. 대학생 자녀들이 어떠한 삶을 살고 있는지 부모는 잘 알고 있나요? 그렇지 않습니다. 그러면서도 부모는 나는 내 자녀를 잘 안다고 생각합니다. 실제로 내 자녀를 잘 모르고 눈으로 보고 있지도 않기 때문에 사실 우리는 자녀들을 위해 무엇을 기도해야 할지 잘 모릅니다.

눈에 보이는데 기도하지 않을 부모는 없다

매년 여름과 겨울, 아이들을 데리고 성경학교를 하거나 수련회를 갈 때 제가 동일하게 경험하는 일이 있습니다. 첫날 2박 3일간 지낼 짐을 싸가지고 아이들과 부모님들이 함께 교회에 옵니다. 그리고 부모님들이 아이들을 부탁하고 돌아갑니다. 그때 부모님들의 표정이 아주 밝습니다. 왜냐하면 2박 3일의 자유가 주어져 편안히 쉴 수 있다고 느끼시는 것 같습니다. 그런데 그 기간 동안 부모님들이 편안히 쉴 수 있는 것은 아이들이 눈앞에 보이지 않기 때문입니다. 만약 아이들이 수련회에 참석하고 있는 모습이 보인다면, 결코 그렇게 편안한 시간을 보낼 수 없을 것입니다.

사실 수련회나 성경학교의 현장에서는 온갖 사건과 사고가 일어납니다. 아이들이 은혜받는 것을 가로막고 방해하려는 수많은 영적 싸움이 있기 때문입니다. 어떤 아이들은 말씀 앞으로,

은혜의 바다로 나아갑니다. 하지만 또 어떤 아이들은 그렇지 않습니다. 말씀 앞에 꿈쩍도 하지 않는 아이들도 있습니다. 현장에 있는 사람들은 이것이 눈에 보이기 때문에 기도가 절로 나옵니다. 만약 내 아이가 은혜의 자리에 들어가지 못하고 있는 모습을 현장에서 보게 된다면, 아마 기도하지 않을 부모는 없을 것입니다. 그런데 왜 우리가 기도하지 않을까요? 눈에 보이지 않기 때문입니다.

몇 년 전 초등학교 학생들의 성경학교 때, 저녁 말씀 집회 후에 안수 기도회를 한 적이 있습니다. 학생들이 많아서 부목사님들께 도움을 요청했고, 부목사님과 사모님들이 함께 찾아오셨습니다. 왜냐하면 목사님과 사모님의 자녀들 역시 그 성경학교에 참석하고 있었기 때문입니다. 특히 사모님들은 자녀들이 성경학교에서 은혜받은 모습을 상상하며 기대를 많이 하고 오셨을 텐데, 예배가 끝나고 나서 돌아가실 때 표정이 그리 좋지 않았습니다. 왜냐하면 자녀들이 예배드리는 모습, 기도회에 참석한 모습이 자신이 기대했던 것과 달랐기 때문입니다. 그런데 와서 보지 않았다면 내 자녀가 은혜를 받고 있는지 아닌지도 알 수 없었을 것입니다. 그러니 보고 있는 것처럼 기도하는 일은 너무나 중요합니다.

눈에 보이는 것처럼 기도하라

모세가 기도를 쉴 수 없었던 것은 자신의 백성들이 싸우고 있는 모습이 눈에 보였기 때문입니다. 손을 들고 기도하면 이기고 손이 내리면 지는 모습이 너무 정확히 보였기 때문입니다. 그 전쟁의 상황이 자신의 기도에 달려 있다는 것을 본 모세는 이길 때까지 기도하지 않을 수 없었을 것입니다.

우리 자녀를 위해 기도할 때, 다음 세대를 위해 기도할 때 우리도 모세처럼 기도해야 합니다. 내가 기도하면 내 자녀의 영혼이 살아나고, 내가 기도하면 우리 다음 세대가 일어난다는 믿음을 가지고 기도하시기 바랍니다. 내가 기도를 쉬면 내 자녀가 이 전쟁에서 지게 될지 모른다는 생각을 가지고 기도하십시오. 눈에 보이는 것처럼 기도하는 것이 다음 세대를 위한 기도의 핵심입니다.

여러분, 이제는 우리가 아이들이 자라가는 모습을 다 볼 수 없습니다. 그래서 기도하는 일을 등한히 하는지도 모릅니다. 그러나 우리가 눈에 보이고, 눈에 보이는 것처럼 자녀를 위해 강력하게 기도해야 합니다. 마치 모세가 전쟁을 치르듯이 기도했던 것처럼 다음 세대를 위해서 눈에 보이는 것처럼 기도해주시기 바랍니다.

오늘의 기도 미션

Ⅰ 다음 세대를 위해 기도할 때, 눈에 보이는 것처럼 기도하게 하소서.

2 다음 세대가 영적 싸움에서 믿음의 승리를 거두고 구원을 얻게 하소서.

3 신종 바이러스 감염증 사태에도 교회학교가 다음 세대에 영적인 생명력을 풍성히 공급하게 하소서.

25

청년들을 위하여 기도하라

로마서 12장 2절

유재일 목사

청년 세대의 현실

이 시대 대다수 청년은 기본적으로 좌절을 경험하며 살아갑니다. 자신의 최선의 능력을 발휘해도, 안 되는 것이 너무 많기 때문입니다. 바늘구멍 같은 대학 입시를 통과하면, 바늘구멍보다 더 좁은 취업의 문을 두드리기 위해 온갖 스펙을 쌓으려고 발버

둥칩니다. 겨우 취업을 해도 거기서 끝이 아닙니다. 사랑하는 사람을 만나 결혼 준비를 하려고 하면, 청년 개인의 능력으로는 도무지 해결할 수 없는 현실의 벽과 마주하게 되기 때문입니다. 그러니 '금수저', '흙수저'라는 말이 있는 것입니다. 아무리 열심히 최선을 다해도 좌절할 수밖에 없고, 실망을 안고 살 수밖에 없는 구조 속에 놓여 있습니다.

세상 살기 어려운 만큼, '그러면 과연 복음의 능력이 어느 때보다 잘 나타나고 있는가?' 하면 그것도 아닙니다. 불과 10년 전, 20년 전만 하더라도 이 땅에서 예수님을 믿는 것 자체가 나쁜 인식, 편견을 갖는 그런 분위기는 아니었습니다. 교인이라는 것 자체에 불편함을 느끼는 상황도 아니었습니다. 하지만 지금은 시대가 많이 변했습니다. 이제 예수님을 믿는다는 것 자체만으로도 세상으로부터 부정적인 인식은 물론이고, 세상의 논리와 구조 속에서 손해를 감수해야 하는 상황이 되었습니다. 믿음을 지키며 산다는 것은 많은 것을 포기한다는 의미가 되었습니다.

여기에 더하여 신뢰했던 영적 리더의 변질과 타락으로 청년들이 교회를 떠나고 있습니다. 사탄은 마치 기회를 잡은 듯, 어떻게 해서든지 다음 세대 청년들을 무너뜨리기 위해서 물질주의 세계관으로 유혹하고, 그릇된 가치관을 주입시키며, 음란한 문화, 자극적인 미디어로 도전합니다.

청년 교회를 향한 하나님 아버지의 마음

이런 현실 속에 하나님께서는 이미 오래전에 선한목자교회 안에 독립교회로 젊은이교회를 세우셨습니다. 선한목자교회는 2006년 본당 입당예배를 드리고 나서 그다음 주에 젊은이교회 창립예배를 드렸습니다. '민족을 위해서 기도하는 성전'이라는 비전으로 본당이 건축되었다고 합니다. 이런 맥락에서 젊은이교회에게는 이 땅의 청년 세대를 위한 사명, '청년 세대를 살리고 예수님의 훈련된 제자로 세우며, 세상에 파송하는 사명'을 주신 줄로 믿습니다.

예수님이 주인 되신 교회로, 예수님이 이끄시는 교회로, 주님의 말씀에 따라 청년들의 의사결정과 재정운영이 이루어지는 독립된 청년 교회로, 지금까지 많은 청년을 살리고, 훈련시켜서 세상에 파송하였습니다. 청년들을 위한 신앙의 훈련소이자 '믿음의 실험'을 하는 안전한 울타리가 되어주었습니다. 하나님의 은혜로 믿음의 그릇이 커지고, 모이는 수와 재정에도 부흥을 주셨습니다. 이는 젊은이교회가 사랑하고 섬길 곳이 아직 많고, 청년들을 통해 세상에 무너진 영역들을 다시 세우기 원하시는 아버지 하나님의 마음이 담겨 있다고 느낍니다.

청년들에게 가장 필요한 것은 눈에 보이지 않는 주님을, 보이는 분처럼 믿고 사는 것입니다. 개인마다 주님과의 인격적인 친밀함이 없다면 쉽게 무너지고, 또 적당히 타협할 수밖에 없습니다. 그만큼 세상이 주는 자극의 강도는 짜릿하고, 매력적으로 다가오기 때문입니다. 유혹을 이겨내고 생명의 길을 걸어가려면 길이요, 진리요, 생명이신 예수 그리스도와 일상에서 동행하는 거룩한 습관과 영적인 근력이 필요합니다.

믿음의 주요 또 온전하게 하시는 이인 예수를 바라보자 그는 그 앞에 있는 기쁨을 위하여 십자가를 참으사 부끄러움을 개의치 아니하시더니 하나님 보좌 우편에 앉으셨느니라 히 12:2

주님께 시선을 고정하며 걸어가는 청년, 잠깐의 부끄러움을 두려워하지 않고 십자가의 영광을 보는 청년, 우리를 온전하게 하시는 주 예수님과 동행하는 기쁨을 아는 청년, 세상을 담대히 이기는 청년 세대가 되도록 기도해주시기 바랍니다. 이 일은 청년 한 개인이 하기는 쉽지 않습니다. 그래서 건강한 청년 공동체가 필요합니다. 크리스천 청년 세대를 위하여, 그리고 젊은이교회를 위하여 성도님들의 간절한 기도가 필요합니다.

하나님의 선하신 뜻을 분별하는 청년 세대를 위한 기도
선한목자교회 젊은이교회는 이런 공동체로 쓰임 받기 위해 청년 예수동행운동, 워십위드지저스(Worship with Jesus)를 이어가고 있습니다. 올해는 젊은이교회 안에 예수동행팀이 신설되고 리더십이 인준되었습니다. 예측할 수 없었던 코로나 상황에서도 청년 세대를 향한 주님의 계획은 멈춤이 없이 진행되었고 주님과 동행하기를 갈망하는 청년들이 곳곳에 있음을 느끼게 하셨습니다.

> 너희는 이 세대를 본받지 말고 오직 마음을 새롭게 함으로 변화를 받아 하나님의 선하시고 기뻐하시고 온전하신 뜻이 무엇인지 분별하도록 하라 롬 12:2

청년들이 거룩한 물결을 일으키는 교회로, 이 땅에 부흥의 바람을 일으키는 준비된 세대가 되기를, 사랑하고 섬기는 일에 물러서지 않고 진리를 수호하는 데 타협하지 않는 믿음의 연대가 이루어지기를, 세상의 도전을 피하지 않는 주님과 동행하는 청년들이 되기를 기도해주십시오.

얼마 전, 고구려 시대 안시성 전투를 소재로 만든 영화 〈안시성〉을 봤습니다. 그중에 인상적인 장면이 있었습니다. 어떤 사람이 양만춘 장군에게 묻습니다. "정말 이길 수 있다고 생각하십니까?" 그러자 양만춘 장군은 이렇게 대답합니다. "너는 이길 수 있을 때만 싸우느냐?" 그렇습니다. 소중한 것을 지켜야 할 때,

누군가 그것을 짓밟으려고 할 때는 목숨을 걸고 싸워야 한다는 것입니다. 결국 역사적으로도 안시성 전투는 승리했습니다.

여러분, 우리가 사탄과 바로 이렇게 싸워야 하지 않겠습니까? 단호한 결의가 필요합니다. 이 땅의 청년들을 위해서도 단호한 결의로, 배수진을 치고 기도해주시기 바랍니다. 소중한 다음 세대, 사탄에게 절대로 내어줄 수 없는 청년 세대를 반드시 지켜내고야 말겠다는 마음으로 함께 기도해주시기 바랍니다.

오늘의 기도 미션

1 이 땅의 청년들에게 주의 복음이 전해지며, 안정적인 취업과 건강한 가정을 이루는 일에 어려움이 없게 하소서.

2 이 땅의 청년들이 소망을 품고 사는 세대가 되게 하소서.

3 청년 세대가 거룩한 세대로 세워지며, 각 교회의 청년부(혹은 젊은이교회)마다 부흥을 경험하게 하소서.

26

가정을 위하여 기도하라

히브리서 12장 2절

이우람 목사

가정의 주인 되시는 예수님을 의지하라

여러분의 가정은 천국 같은 가정입니까? 행복한 가정, 천국 같은
가정이라고 담대하게 말할 수 있으십니까? 여러분은 그렇다고
하는데 여러분의 남편이나 아내, 부모님이나 자녀들도 그 말에
동의하십니까? 우리는 우리의 가정이 천국과 같은 가정이 되도록

수고와 희생을 아끼지 않습니다. 우리 마음에 분명히 주님을 향한 사랑이 있고, 가정 안에서 행복하기 원하는 마음이 있습니다. 하지만 실제로 우리의 가정 안에서는 심각한 갈등도 있고 어려움도 있습니다. 행복하지 않다고 느껴질 수 있습니다. 그러나 우리 가정을 위해 무엇을 어떻게 해야 할지 갈피를 잡지 못하는 상황이라 할지라도 우리가 할 수 있는 것이 있습니다. 우리는 기도할 수 있고, 우리 가정의 진정한 주인 되시는 주 예수님을 의지할 수 있습니다.

우리는 가정에서 수많은 문제를 겪습니다. 육아, 자녀, 주택, 고부 갈등, 서로 다른 관심사와 오해, 대화 없는 부부관계 등으로 의견이 대립하거나 오해로 인해 상처를 주고받기도 하고 상대에게 이기적이고 완고할 때도 있습니다. 그런데 가정 안에 어려움이 찾아오면 아무리 밖에서 하는 일이 잘 된다고 해도 행복하지 않습니다. 하지만 그런 상황에서 어떻게든 되겠지 하는 마음으로 문제를 방치한다면, 오히려 더 심각한 어려움에 빠질 수 있습니다. 그렇다면 무엇을 할 수 있을까요? 바로 기도하는 것입니다. 오직 기도만이 가정의 문제를 극복할 수 있습니다.

함께 예수님을 바라보는 가정

가정을 위해 기도할 때 분명히 기억해야 할 것이 있습니다. 첫째, 우리의 가정은 예수님을 바라보는 가정이 되어야 합니다.

믿음의 주요 또 온전하게 하시는 이인 예수를 바라보자 히 12:2

이 말씀은 가정에서도 동일하게 적용됩니다. 가정 안에서도 가정의 주인이시며, 가정을 온전하게 하실 수 있는 유일하신 분은 오직 예수 그리스도이십니다. 우리는 기도할 때 오직 예수님만 바라보고 기도해야 합니다. 가정에서 남편과 아내가 함께 오직 예수님만 바라보아야 합니다. 이것만이 유일하게 하나 될 수 있는 방법입니다.

서로 다른 두 남녀가 만나 가정을 이루었습니다. 적어도 2,30년 또 그 이상 다른 가정 전혀 다른 세상에서 살았습니다. 남성과 여성의 차이 또한 대단히 큽니다. 남편이 아내를 바라보고 기대하다가 실망하고, 아내가 남편을 바라보고 기대하다가 실망합니다. 아무리 좋은 성품을 가진 부부라고 해도 갈등은 일어날 수밖에 없습니다. 그러나 두 사람이 주님을 함께 바라볼수록 남편과 아내는 서로 가까워지고 하나가 됩니다.

저는 저와 하나님과의 관계를 살펴볼 때 저와 아내와의 관계를 봅니다. 제가 주님을 바라보고 있을 때는 아내가 잘해주든 아니든 아내가 정말 좋습니다. 사랑스럽고 무엇이든 해주고 싶은 마음이 생깁니다. 그런데 주님을 놓치고 주님과 조금이라도 소홀해지면 아내와 벽이 생긴 것처럼 느껴집니다. 이 원리는 부부 사이뿐 아니라 부모님과의 관계, 자녀와의 관계에서도 마찬가지입니다. 또 다른 사람과의 관계에서도 적용될 수 있습니다.

서로 깊이 알아가는 가정

둘째, 서로에 대해 알아야 합니다. 게리 체프만의 《5가지 사랑의 언어》(생명의말씀사)는 인정하는 말, 함께하는 시간, 선물, 봉사, 스킨십으로 상대방이 사랑을 느끼는 다섯 가지 사랑의 언어에 대해 알 수 있는 책입니다. 저희 가족을 예로 들어보겠습니다. 저의 사랑의 언어는 '인정하는 말'이고, 아내는 '봉사'입니다. 아내는 저의 사랑한다는 말보다는, 제가 집 안 청소를 해주고, 설거지를 도와줄 때 자신이 사랑받는다고 느낍니다. 반대로 저는 아무리 저를 위해 밥을 차려주고, 온갖 봉사를 해주어도 인정하는 말을 해주지 않으면 아내가 저를 사랑한다는 생각이 들지 않습니다.

저희 아버지의 사랑의 언어는 '함께하는 시간'입니다. 아버지는 교회에 가면 언제나 가족들이 다 같이 앉기 원하셨고, 가족이 모두 집에 모여 있는 것을 좋아하셨습니다. 가족이 귀가할 시간이 되면 어김없이 전화하셔서 지금 어디냐고 물으십니다. 특별한 용건이나 용무가 있는 것이 아닙니다. 그저 아버지의 사랑의 언어가 함께하는 시간이었기 때문입니다. 그것을 알고 나니 저도 아버지에 대한 이해가 더 생겼습니다.

우리는 가족 간에 서로를 너무 모르는 경우가 많습니다. 여러분의 배우자에 대해 잘 알고 계십니까? 잘 알고 있다고 생각했는데 막상 하나도 모를 수 있습니다. 부모님에 대해 잘 안다고 생각했는데 사실은 모르는 부분이 더 많습니다. 그러나 서로 잘 알게 되면 깊은 이해감이 생기고, 기도할 때 기도의 내용도 더 분명해집니다. 무엇보다 더 깊은 사랑의 기도를 할 수 있게 됩니다. 그러니 가정 안에서 서로 더 알아가는 일에 힘쓰시기 바랍니다. 그럴수록 우리의 기도에 더욱 힘이 생길 것입니다.

나는 죽고 예수로 사는 가정

셋째, 가정 안에서도 나는 죽고 예수로 사는 복음이 적용된다는 것입니다. 히브리서 12장 2절 하반절의 말씀입니다.

그분은 십자가의 죽음 뒤에 올 기쁨을 아시고 그 십자가를 수치로 여기지 않고 거기에 달려 죽으셨습니다. 그리고 지금은 하나님의 보좌 오른편의 영예로운 자리에 앉아 계십니다. 히 12:2 현대어성경 예수님께서는 십자가 죽음 뒤에 올 기쁨을 기대하셨습니다. 그 기쁨은 주님의 십자가로 잃어버린 하나님의 자녀들이 돌아오는 것이었습니다. 그래서 예수님은 십자가에서 죽으셨고, 지금은 하나님의 보좌 우편 영예로운 자리에 계십니다. 우리도 마찬가지입니다. 가정에서 내 자아가 죽는다는 것이 어렵게 느껴집니다. 가족이라 더 편하다는 이유로 말도 함부로 하고, 직장이나 밖에서보다 화도 더 쉽게 냅니다.

그런데 자아가 죽는다는 것은 내 노력과 행위로 하는 것이 아니라 이미 주어진 하나님의 말씀을 믿고 나아가는 영역입니다. 김용의 선교사님이 이런 말씀을 하신 적이 있습니다. "나 죽고, 너 살아라!" 그런데 사실 우리는 그러고 싶어 하지 않습니다. "나 좀 살자, 당신이 좀 죽어요", "아, 오늘 설교는 우리 남편이 들어야 하는데", "아, 오늘 설교는 우리 아내가 들어야 하는 건데" 아닙니다. 복음은 언제나 나 자신에게 적용되는 것이고, 내가 죽으면 가정이 살 수 있습니다.

가정이 회복되고 사는 길은 "나 죽고, 당신 살아요"입니다. 남편이 혈기를 죽이고, 음란에 대한 마음을 죽일 때, 아내가 질투하는 마음을 죽일 때, 부모가 자녀에 대한 욕심을 죽일 때, 우리 가정이 어떻게 변화될까요? 가정 안에서 돈 욕심, 내 마음대로 하고 싶은 마음이 죽으면, 정말 천국 같은 가정이 이루어지지 않겠습니까?

가정 안에서도 십자가 복음을 적용하여 '나는 죽고 예수로 사는 가정'이 되기를 기도하면 좋겠습니다. 여러분, 하나님이 이 땅의 가정들이 회복되기를 얼마나 원하시는지, 그 아버지의 마음으로 기도하시기 바랍니다. 자녀들이 싸우면 자녀들 본인도 속상하겠지만, 사실 아버지의 마음이 가장 아픕니다. 자녀들이 웃고 행복해할 때 아버지의 마음이 너무 좋은 것처럼 하나님 아버지도 우리의 가정이 천국같이 되기를 정말 원십니다.

오늘의 기도 미션

1 나는 죽고 예수로 사는 천국 같은 가정이 더욱 세워지게 하소서.

2 주 예수님을 함께 바라보며 사랑의 기도로 우리 가정의 어려움을 이겨내게 하소서.

3 주님이 원하시고 성도들에게 필요한 가정사역들이 더 활성화되게 하소서.

27

열방을 위하여 기도하라

다니엘서 6장 10절

여재우 목사

예루살렘을 향한 다니엘의 기도

다니엘은 30일 동안 누구든지 왕 외에 어떤 다른 신이나 사람에게 기도해서는 안 된다는 법령이 세워진 것을 알고도 하루 세 번씩 예루살렘을 향해서 기도했습니다. 이 일로 다니엘은 사자굴에 던져지는 벌을 받게 됩니다. 그런데 다니엘은 왜 이렇게 기도했을까요? 그리고 무엇을 기도했을까요?

> 곧 그 통치 원년에 나 다니엘이 책을 통해 여호와께서 말씀으로 선지
> 자 예레미야에게 알려 주신 그 연수를 깨달았나니 곧 예루살렘의 황폐
> 함이 칠십 년 만에 그치리라 하신 것이니라 내가 금식하며 베옷을 입고
> 재를 덮어쓰고 주 하나님께 기도하며 간구하기를 결심하고 단 9:2,3

다리오 왕 첫해에 다니엘은 하나님께서 예레미야에게 하신 말씀, 곧 멸망 당한 예루살렘이 70년이 지나면 회복된다는 것을 깨닫게 됩니다. 그가 하나님의 약속을 발견한 것입니다. 이것이 다니엘이 하루에 세 번씩 예루살렘을 향해서 기도하기를 멈출 수 없었던 가장 큰 이유일 것입니다. 다니엘은 하나님께서 약속하신 것이 반드시 이루어질 것과 그날이 얼마 남지 않았다는 것을 믿었습니다. 그래서 다니엘은 기도할 수밖에 없었고, 그가 기도했던 대로 예루살렘은 무너진 지 70년이 지나서 회복되었습니다.

우리에게 주신 분명한 선교 전략

성경에 보면 하나님께서는 항상 다니엘의 때와 같이 일하셨습니다. 하나님께서 먼저 말씀하시고, 믿는 자들로 하여금 기도하

게 하시고, 약속하신 그대로 하나님은 일하셨습니다.

초대교회의 탄생도 말씀을 따라 순종하여 기도하는 가운데 시작되었습니다. 예수님은 부활하신 후 제자들에게 성령의 능력을 받을 때까지 예루살렘을 떠나지 말고 기다리라고 하셨습니다. 주님의 명령을 들은 120명은 함께 모여 약속이 이루어질 때까지 오로지 기도에 힘썼고(행 1:14), 이 순종의 기도로 초대교회가 시작되었습니다.

첫 번째 선교사의 파송도 안디옥교회가 하나님의 명령에 따라 금식하고 기도하면서 시작되었습니다. 사도행전 13장에서는 안디옥교회가 주를 섬겨 금식할 때 성령께서 바울과 바나바를 따로 세워서 하나님의 일을 하게 하라는 장면이 나옵니다. 그래서 안디옥교회는 금식하며 기도하고 두 사람에게 안수하고 떠나보냅니다.

2천 년 기독교 역사에 나타난 놀라운 부흥도 하나님의 말씀을 따라 기도하는 것으로부터 시작되었습니다. 18세기 미국의 대각성운동, 1904년 영국의 웨일즈 부흥운동, 1907년 평양 대부흥운동도 모두 하나님의 말씀에 순종하여 기도로 모인 공동체를 통해 시작되었습니다. 이렇게 하나님의 말씀을 믿고 순종하여 기도하는 것이 하나님께서 일하시는 방법입니다. 이것이 바로 하나님나라의 선교 전략입니다.

하나님께서는 지금도 동일하게 일하십니다. 주님은 우리에게 이미 분명한 선교의 명령과 약속을 주셨습니다. "온 천하에 다니며 만민에게 복음을 전파하라"(막 16장), "너희는 가서 모든 민족을 제자로 삼아 아버지와 아들과 성령의 이름으로 세례를 베풀고 내가 너희에게 분부한 모든 것을 가르쳐 지키게 하라"(마 28장)고 하신 것입니다. 또한 성령이 오셔서 세워지는 교회는 "너희가 권능을 받고 예루살렘과 온 유대와 사마리아와 땅끝까지 이르러 내 증인이 되리라"(행 1장)라고 약속하셨습니다. 그러므로 우리는 이를 위해서 기도해야 합니다. 이것이 하나님의 방법, 즉 선교 전략이기 때문입니다. 우리가 하나님의 명령과 약속을 믿고 선교 완성을 위해 기도할 때 주님께서는 하나님만이 하실 수 있는 일들을 열방 가운데 이루실 것입니다.

하나님의 나라와 선교 완성을 위해 기도하라

세계적인 전도자 무디(D. L. Moody)가 미국에서 놀라운 전도 사역을 하다가 두 번째로 영국에 갔을 때의 일입니다. 오전 집회를 인도하고 난 뒤 무디는 아무런 역사가 나타나지 않는 것 같아 무척 힘들어했습니다. 그런데 저녁 집회는 영적 분위기가 아침과 너무 달랐습니다. 말씀을 마치고 예수를 믿기로 작정한 사람들을 초청하자 수많은 사람이 초청에 반응했습니다. 무디는 청중들이 잘못 알아들었다고 생각해서 청중들을 자리에 앉히고 다시 설명한 뒤 초청했는데 그때 무려 500여 명이나 초청에 응답하여 앞으로 나왔습니다. 그리고 그 초청과 응답은 그 지방 부흥의 도화선이 되었습니다.

나중에 알게 된 일이지만, 오전 집회 후 하나의 사건이 있었습니다. 집회에 참석했던 한 자매가 냉랭했던 아침 집회 소식을 병석에 누워 있던 자신의 언니 마리안에게 전해주었다고 합니다. 사실 그녀의 언니는, 하나님께서 무디를 놀라운 복음 전파자로 사용하신다는 소식을 듣고, 자신이 살고 있는 지역에도 무디가 와서 복음 집회를 해주기를 오랫동안 기도해왔던 것입니다. 동생에게 그 소식을 듣자마자 마리안은 금식하며 오후 내내 그 집회를 위해 기도했다고 합니다.

똑같은 교회, 똑같은 설교자, 똑같은 청중들이 모였지만, 그날 저녁 하나님의 역사는 너무나 달랐습니다. 무엇이 달랐습니까? 하나님의 명령과 약속을 믿고 기도하는 그 기도의 능력이 모든 것을 달라지게 한 것입니다. 여러분, 하나님의 나라와 선교의 완성을 위해서 기도하는 일은 의무나 무거운 짐이 아닙니다. 놀라운 특권이며 축복입니다. 하나님의 나라와 선교 완성을 위해 기도하는 복된 자리에 여러분을 초청합니다.

오늘의 기도 미션

1 주의 복음이 온 민족에게 증거되게 하소서.

2 선교 완성을 위해 기도하는 기도자들이 많이 일어나게 하소서.

3 선교지에 계신 선교사님들에게 힘과 지혜를 더하시고 담대히 주의 복음을 전하게 하소서.

28

나라를 위하여 기도하라

디모데전서 2장 1-5절

전승훈 목사

나라와 민족의 주관자 되신 하나님

하나님은 모든 역사의 주관자이십니다. 하나님께서는 나라를 흥하게도 하시고 망하게도 하십니다. 그러니 나라의 평화와 번영은 사람의 손에 달린 것이 아니라 하나님의 손에 달린 것입니다. 그렇기에 우리가 나라를 위해서 기도한다는 것은 그 자체가 하나님께서 이 나라의 주권을 가지고 계신다는 것을 인정하고 고백하는 일입니다.

> 그러므로 내가 첫째로 권하노니 모든 사람을 위하여 간구와 기도와 도고와 감사를 하되 딤전 2:1

본문 말씀에서 '도고'는 남을 위한 기도, 즉 중보기도라는 의미입니다. 이 말씀은 우리에게 간구와 기도, 중보기도와 감사기도를 해야 한다는 기도의 사명을 알려줍니다. 그런데 바울은 모든 사람을 위해서 기도하라고 합니다. 우리는 나 자신과 내 가족, 내 지인을 넘어서서 나라와 민족을 위해 기도할 사명이 있습니다.

위정자들을 위한 기도

> 임금들과 높은 지위에 있는 모든 사람을 위하여 하라 이는 우리가 모든 경건과 단정함으로 고요하고 평안한 생활을 하려 함이라 딤전 2:2

우리가 나라와 민족을 위해 기도할 때 가장 중요하게 기도해야 할 제목은 나라의 위정자들을 위한 기도입니다. 그런데 우리

한 시간 기도로 살기

가 위정자들을 위해 기도할 때 그리스도인 위정자들만을 위해서 기도하는 것이 아니라 그리스도를 믿지 않는 모든 통치자를 위해서도 기도해야 한다는 것입니다.

그러면 왜 위정자를 위해 기도하는 것이 중요할까요? 그래야 우리가 모든 경건과 단정함으로 고요하고 평안한 생활을 할 수 있기 때문입니다. 바울이 이 편지를 쓸 당시 로마의 황제는 가장 악명 높은 네로였습니다. 주후 64년경 네로 황제는 로마를 큰 어려움에 빠뜨린 대화재의 범인으로 그리스도인들을 지목했고, 이로 인해 로마 제국 전역에서 그리스도인에 대한 무서운 박해가 일어났습니다. 그리스도인들은 사회의 여러 권리를 박탈당했을 뿐 아니라 심지어 공개적으로 처형되었고 사자의 먹이가 되기도 했습니다. 위정자들이 정치를 잘해서 사회가 평화로워야지 성도들 모두가 평안한 신앙생활을 할 수 있습니다. 위정자들이 악하여 폭정을 한다든지 신앙생활을 박해한다면 성도들은 고통에 시달릴 수밖에 없습니다.

우리가 위정자들을 위해 더욱 기도해야 하는 이유는, 성의 지도자와 그 성의 성문이 연관되어 있기 때문입니다. 성문을 열고 닫는 것은 성주의 권한입니다. 우리가 알다시피, 성문은 함부로 열어서는 안 됩니다. 들어오는 것과 나가는 것을 잘 점검해야 합니다. 그래서 군인들을 세워 지키게 하는 것입니다. 영적으로 보면, 악한 사탄은 성문을 먼저 공격합니다. 리더를 먼저 공격한다는 것입니다. 권위가 무너지면 침투하기 쉽기 때문입니다. 성문이 무너지면 적군이 들어와 모든 것을 약탈해 갑니다. 성문이 열리면 세상의 나쁜 영향력이 휩쓸려 들어와 성을 어지럽힙니다.

나라를 위한 시급한 기도

정부에서는 한 나라의 정책과 미래 심지어 국가의 도덕성을 형성하는 중요한 결정들이 이루어집니다. 그렇기 때문에 나라가 고요하고 평안하도록, 성도들 모두 경건과 단정함으로 복음을 전할 수 있도록 끊임없이 기도해야 하는 것입니다. 정부가 하나님이 보시기에 올바른 정책을 세울 수 있도록 끊임없는 기도가 필요합니다.

특히 우리나라를 위해 시급하게 기도해야 할 제목은 포괄적 차별금지법이 폐기되도록 기도하는 것입니다. 2006년 국가인권위원회의 권고로 정부가 대표 발의한 차별금지법이 여덟 번째 발의되었습니다. 문제는 포괄적 차별금지법이 동성애를 조장하는 법이며 하나님의 창조 질서에 어긋난 죄를 죄라고 이야기하지 못하도록 하는 법이라는 것입니다. 동성애의 합법화는 결국 가정이 무너지고 나라가 무너지는 일입니다. 우리는 위정자들이 포괄적 차별금지법의 실상에 대해 분명히 알게 되고 포괄적 차별금지법이 폐기되도록 기도해야 합니다. 우리의 기도를 통해 역사를 바꿀 수 있다는 것을 정말 믿고 법안의 폐기를 위해 열심히 기도해야 합니다.

모든 국민의 구원을 위한 기도

이처럼 우리가 위정자들을 위해 기도하는 것은 하나님 앞에서 선한 일이며 하나님을 기쁘시게 해드리는 일입니다. 하나님은 모든 사람이 구원을 받으며 진리를 아는 데 이르기를 원하십니다(4절). 그 진리가 5절 말씀입니다.

> 하나님은 한 분이시요 또 하나님과 사람 사이에 중보자도 한 분이시니 곧 사람이신 그리스도 예수라 딤전 2:5

하나님은 온 세상을 사랑하시기 때문에, 모든 죄인에게 구원을 베풀기 원해서 독생자를 보내주셨습니다. 하나님의 아들이신 예수님을 아는 일이 왜 중요하겠습니까? 예수님만이 오직 길이요, 진리요, 생명이 되시기 때문입니다(요 14:6). 우리가 우리와 함께하시는 예수님을 인격적으로 알고 깊이 만나게 될 때 우상 숭배와 성적인 문란, 미움, 분열, 폭력, 살인, 하나님을 대적하는 우리의 모든 죄를 깨닫고 회개하며 죄로부터 돌이킬 수 있기 때문입니다.

또한 이념적인 갈등, 지역적 갈등, 종교 갈등과 증오의 프레임에 갇혀 있는 이 나라가 회복되는 일 역시 오직 예수 그리스도를 알게 될 때 가능합니다. 하나님은 대한민국을 사랑하시고 이 나라의 모든 사람이 구원받기를 원하십니다. 오늘의 기도 가운데 나라를 위해 간절히 기도하시기를 축복합니다.

오늘의 기도 미션

1 온 세상이 주님의 통치 아래 있음을 깨닫고 하나님의 주권을 인정하고 하나님을 경배하며 따르게 하소서.

2 정부의 지도자들이 하나님을 경외하게 하시고, 하나님의 말씀대로 나라와 민족을 이끌어가는 지도자가 되게 하소서.

3 특히 하나님의 창조 질서에 어긋나는 동성애를 인권으로 포장하여 사회를 음란하게 만드는 차별금지법이 완전히 폐기되게 하소서.

4 모든 국민이 예수 그리스도를 알고 모든 죄로부터 돌이켜 구원받는 역사가 이 땅에 일어나게 하소서.

29

북한을 위하여 기도하라

에스겔서 37장 16-19절

강수진 목사

북한을 향한 하나님의 마음

우리는 전 세계에서 유일한 분단국가입니다. 하지만 평소에는 그것을 잘 체감하지 못합니다. 이미 분단된 채 살아가는 것에 더 익숙해졌기 때문입니다. 제가 북한 사역에 관심을 갖게 된 것은 2015년에 컴패션(Compassion)에서 '소망의 땅, 북한'이라는 주제로 주최한 '북한 서밋'이라는 프로그램에 참여하면서부터입니다. 북한 어린이들을 위한 전인적 양육 교재를 만들고, 북한이 개방되었을 때 그곳에 어린이센터를 세워서 북한의 어린이들을 전인적으로 양육한다는 것은 생각만 해도 참 가슴 설레는 일이었습니다. 선한목자교회 역시 북한이 개방되면 함경북도에 어린이센터를 세워서 성경적 가치관으로 북한의 어린이들을 양육할 준비를 하고 있습니다.

그러면 우리는 왜 북한을 위해서 또 남과 북의 복음 통일을 위해서 기도해야 할까요? 남과 북의 통일에 대해 많은 사람이 이해관계를 따집니다. 통일이 되면 우리에게 무엇이 더 좋은지 생각합니다. 하지만 우리가 북한을 위해 기도하고 복음 통일을 위해 기도할 때 우리는 먼저 하나님의 마음과 관점으로 보아야 합니다.

국제 기독교 선교단체인 오픈도어즈(opendoors) 발표에 따르면 북한은 19년 연속 세계 최악의 기독교 박해 국가로 지목되었습니다. 북한에서는 성경을 소지하는 것만으로도 처벌 대상이 되어 악명 높은 노동수용소로 끌려가 돌아오지 못한다는 것이 그 선정의 이유였습니다. 하나님께서는 북한에 있는 수많은 영혼을 사랑하시고 그들도 하나님을 알고 회개에 이르게 되기를 원하십니다. 우리가 북한을 위해 기도하고 남과 북의 통일을 위해 기도하는 가장 큰 이유가 여기에 있습니다. 우리는 하나님의 마음과 관점으로 북한을 바라보며 그 땅에도 복음이 전해져 자유롭게 하나님을 예배할 수 있는 날이 속히 오도록 기도해야 합니다.

하늘꿈학교에서 만난 탈북 청소년

선한목자교회 옆에는 탈북 청소년을 위한 중고등학교인 하늘꿈학교가 자리해 있습니다. 저는 이것이 하나님의 크신 계획 안에서 북한을 위해 더욱 기도하게 하시는 하나님의 뜻이라고 믿습니다. 제가 교회에 부임하고 얼마 지나지 않아 하늘꿈학교를 후원하는 약정식이 교회에서 진행되었는데, 그때 주시는 마음에 따라 하늘꿈학교를 후원하기 시작했고, 현재 학생들의 공부를 도와주는 교육 프렌즈라는 프로그램을 통해서도 탈북 학생들을 만나고 있습니다.

처음에는 저도 탈북 학생들이 조심스럽고 낯설었습니다. 하지만 곧 우리가 한민족임을 분명하게 느낄 수 있었습니다. 언젠가 제가 만난 한 학생에게 하나님을 믿느냐고 물으니 그 학생은 반반이라고 대답했습니다. 힘든 순간에는 하나님을 찾게 되고, 기도하던 일이 이루어지면 하나님이 정말 계신가보다 하는데, 반대로 아무리 원해도 도무지 이루어지지 않는 상황 속에서는 하나님이 계시지 않는 것 같다는 것입니다. 북한의 상황이 변하지 않고 계속 혼자서 외롭고 어려운 시간을 보낼 때 정말 힘겹게 느껴지는 것 같았습니다. 그런데 자신에게 선의를 베풀고 도와주는 사람들이 대부분 하나님을 믿는 사람이라고 이야기하였습니다. 북한 사람들에게는 말과 지식이 아니라 우리의 삶으로 하나님의 살아 계심을 보여주어야 한다는 것을 다시 한번 생각하게 되었습니다.

북한 회복을 위한 40일 기도 제목

얼마 전 탈북 학생들이 직접 작성한 북한 회복을 위한 40일 기도 카드를 받아보았습니다. 하나님께서 탈북 학생들의 기도문을 통해 우리가 기도해야 할 방향, 우리가 기도할 영역을 분명히 알게 하시는 것 같아 그 기도문을 직접 소개해드리고자 합니다.

평화통일이 속히 이루어지기를 위한 기도
· 북한에서 고통 속에 살고 있는 사랑하는 엄마와 동생을 구원해주세요.
· 북한 정치범수용소에 붙잡힌 아버지의 생명을 지켜주세요. 다시 만날 수 있게 해주세요.
· 갈라진 한반도가 주님의 사랑으로 교회를 중심으로 하나 되게 해

주세요.

북한의 체제 변화를 위한 기도

· 북한 체제가 변화되어 북한 주민들이 하나님을 찬송할 수 있게 해
주세요.
· 북한에서 인간 우상이 사라지고 하나님의 통치하심으로 행복한
나라가 되게 해주세요.

북한 주민들을 위한 기도

· 고통당하면서도 반항하지 못하는 북한 주민을 구원해주세요.
· 아무것도 모른 채 속고 사는 북한 사람들이 지옥에 가지 않게 해
주세요.
· 헛된 것을 섬기는 북한 사람들의 텅 빈 영혼을 성령으로 채워주시
고 병든 마음을 고쳐주세요.
· 북한 사람들도 하나님을 믿고 교회에 다닐 수 있도록 자유를 주
세요.

탈북하는 사람들의 안전을 위한 기도

· 중국, 베트남 등에서 구원의 손길을 애타게 기다리는 북한 사람들
을 도와주세요.

· 탈북하는 과정에서 목숨을 잃거나 인신매매로 팔려가는 북한 사람들을 구해주세요.

탈북 여성들과 어린이를 위한 기도
· 중국에서 원치 않는 결혼을 하는 탈북 여성들을 불쌍히 여기시고 구해주세요.
· 북한과 중국에서 엄마를 잃은 아이들의 슬픔을 위로해주세요.

탈북자들의 정착과 평화통일의 주역이 되기를 위한 기도
· 북한에서 온 하나님의 귀한 자녀들이 악한 길로 들어서지 않게 해주세요.
· 한국에 온 북한 학생들이 이 땅에 보내신 하나님의 계획을 알게 해주세요.

통일 한국이 열방에 복음을 전하는 나라가 되기를 위한 기도
· 통일 한국이 되어 사랑과 복음을 들고 전 세계에 하나님을 전하게 해주세요.
· 한반도가 다시 동방의 예루살렘이 되게 도와주세요.

하늘꿈학교에서 만든 북한 회복을 위한 이 기도 카드가 제 마

음을 울렸고, 그중에서도 저의 시선이 가장 오래 머물렀던 내용이 있습니다. "북한 사람들은 그곳에서 사람답게 살지도 못하는데 죽어서까지 지옥에 가는 일이 없게 해주세요." 이 학생의 고백처럼 북한 사람들에게도 구원에 이르는 십자가의 복음이 속히 전해질 수 있도록 우리가 깨어 기도해야 합니다.

독일 교회에서 매년 북한을 위한 금식 기도회가 진행된다는 소식을 들으며, 독일에서도 그리고 다른 여러 나라에서도 북한을 위해 이렇게 기도하는데, 한국 교회가 북한을 위해 기도하지 않는다면 얼마나 부끄러운 일인가 하는 생각이 들었습니다. 우리는 통일의 때를 알 수 없습니다. 그러나 하나님의 손안에서 남과 북이 하나 될 때까지 북한을 위해 기도하기를 멈추지 않는 우리가 되기를 간절히 소망합니다.

오늘의 기도 미션

1 남북한이 속히 복음 안에서 통일되게 하소서.

2 북한의 악한 정권이 무너지고 북한 백성들에게 살길이 열리게 하소서.

3 탈북자들의 안전을 지켜주시고 안정적인 생활을 하게 하소서.

4 우리나라에 있는 탈북 청소년들이 복음으로 양육되고 통일의 주역이 되게 하소서.

30

교회를 위하여
기도하라

에베소서 1장 23절

임동혁 목사

교회는 그리스도의 몸이다

교회는 우리가 상상할 수 없을 만큼 정말 놀라운 곳입니다. 교회에는 만물을 충만케 하는 하나님의 모든 충만함이 있기 때문입니다. 예수님께서 교회의 머리이시며 온 성도들이 하나 되어 그리스도의 몸을 이루는 공동체가 바로 교회입니다. 교회는 그리스도의 몸입니다. 말씀이신 예수님께서 육신이라는 몸을 입고 우리 가운데 실제로 오셨습니다. 이 사건을 통해 이 땅에 어떤 일이 벌어졌습니까?

말씀이 육신이 되어 우리 가운데 거하시매 우리가 그의 영광을 보니 아버지의 독생자의 영광이요 은혜와 진리가 충만하더라 요 1:14

우리는 예수님이 육신의 몸을 입고 우리 가운데 오심으로 그분의 영광을 보게 되었습니다. 그 영광을 통해 예수님께서 은혜와 진리가 충만하신 분임을 알게 되었습니다. 교회를 그리스도의 몸으로 말씀하신 분명한 이유가 있습니다. 우리는 몸을 입고 오신 예수님을 통해서 주의 영광을 보았습니다. 이와 마찬가지로 교회가 그리스도의 몸인 것은 우리가 주의 영광을 보기 위해서입니다.

교회는 그의 몸이니 만물 안에서 만물을 충만하게 하시는 이의 충만함이니라 엡 1:23

주의 영광을 볼 수 있는 자는 주의 영광 안에 담긴 충만함도 보게 됩니다. 그리스도의 몸인 교회는 주의 영광과 충만함이 있는 곳입니다. 그곳은 천국입니다. 그렇기에 교회는 이 땅에서 천국을 경험하는 곳입니다. 주의 영광과 충만함이 있는 교회, 천국 같은 교회는 어떤 교회입니까? 우리는 성경을 통해서 초대교회가 천국 같은 교회였다는 것을 알 수 있습니다.

성령의 역사로 세워지는 교회

초대교회는 성도들의 삶 속에 십자가 복음이 그대로 나타나는 교회였습니다. 그 결과 날마다 구원받은 자가 늘어났습니다. 그런데 우리가 이 이야기는 단지 성경에서나 가능한 이야기라고 생각하며, 지금은 이런 교회가 다시 이루어질 수 없다고 생각합니다. 그러나 사도행전에서 이러한 모습의 교회가 있었다고 기록한 것은 지금도 교회가 이렇게 될 수 있다는 뜻입니다.

그러면 초대교회가 어떻게 이런 교회가 되었습니까? 사람들이 좋아서 그랬나요? 그때는 사람들의 형편이 너무 좋아서 이렇게 순해진 것입니까? 초대교회에 이런 역사가 일어난 것은 전적으로 성령의 역사 때문입니다. 예수님은 우리가 주의 영광과 충만함을 누릴 수 있도록 성령을 주셨습니다. 주의 영광과 충만함이 있는 천국 같은 교회는 오직 성령의 역사로만 됩니다.

초대교회에 역사했던 성령과 지금 우리에게 역사하는 성령은 결코 다른 성령이 아닙니다. 동일한 성령입니다. 그 성령이 우리

한 시간 기도로 살기

안에 계시고 우리 속에서 역사하십니다. 천국 같은 교회는 결코 꿈만 꿀 수 있는 교회가 아니라 실제로 세워졌고, 지금도 세워지고 있고, 앞으로도 세워야 할 교회입니다.

지금 우리에게 필요한 것은 지금도 성령의 역사로 초대교회와 같은, 천국 같은 교회가 세워질 수 있다는 믿음입니다. 이 믿음은 예수님을 나의 왕으로 모시는 믿음입니다. 여러분, 예수님이 우리 교회를 직접 목회하신다면 어떨 것 같습니까? 천국 같은 교회가 됩니다. 그래서 우리 교회가 꿈꾸는 교회는 예수님이 이끄시는 교회입니다. 예수님이 이끄시는 대로 순종할 때 성령의 역사가 일어나기 때문입니다. 이 성령의 역사가 주의 영광과 충만함을 세상에 드러냅니다.

교회의 사랑과 하나 됨을 위해 기도하라

주의 영광과 충만함은 특별히 두 가지 모습으로 나타납니다. 그 모습은 사랑과 하나 됨입니다. 천국 같은 교회가 어디 있냐고 묻고 싶은 분이 계실 수 있습니다. 우리는 교회 다니는 사람들이 더 악하다는 이야기를 듣기 쉬운 세상에서 삽니다. 교회에서 상처받았다는 분들도 참 많습니다.

교회 안에서 갈등, 오해, 다툼, 분열이 왜 일어납니까? 사랑이 사라졌기 때문입니다. 사랑이 없으면 아무것도 아닙니다. 사랑이 제일이라고 믿고 사랑만 하는 곳이 교회여야 합니다.

교회는 사랑으로 소문나야 합니다. 어떻게 사랑으로 소문난 교회가 되겠습니까? 우리 한 사람 한 사람이 사랑으로 소문나면 됩니다. 사랑하는 사람들이 모이면 교회는 사랑으로 소문이 나게 됩니다.

사랑하면 갈등, 오해, 다툼, 분열이 사라집니다. 사랑하면 모든 것을 참으며, 모든 것을 믿으며, 모든 것을 바라며, 모든 것을 견딥니다. 그래서 서로 사랑하면 마음까지 하나 된 공동체가 되는 것입니다. 이것이 교회입니다.

이 교회는 결코 우리가 세울 수 없습니다. 교회의 머리이신 주님께서 세우십니다. 우리가 해야 할 일은 천국 같은 교회를 세우실 주님을 믿고 그 주님과 항상 동행하며 주님께 순종하는 것입니다. 이 모든 일은 그냥 일어나지 않습니다. 기도로 일어납니다. 그래서 주님은 항상 기도하며 깨어 있으라고 하셨습니다. 천국 같은 교회가 우리 가운데 실제로 이루어질 것을 믿으며 기도하시기 바랍니다.

Ⅰ 이 땅의 모든 교회가 주님의 영광과 충만함이 있는 천국과 같은 교회가 되게 하
소서.

2 교회가 세상을 살리고 세상에 희망을 주는 빛과 소금의 역할을 감당하게 하소서.

3 교회를 위하여 사랑과 하나 됨으로 기도하게 하소서.

한 시간 기도로 살기

초판 1쇄 발행	2020년 12월 14일
초판 6쇄 발행	2024년 9월 30일

지은이 유기성 외

펴낸이	여진구		
책임편집	안수경		
편집	이영주 박소영 최현수 김도연 김아진 정아혜		
책임디자인	마영애 ㅣ 노지현 조은혜 이하은		
홍보 · 외서	진효지		
마케팅	김상순 강성민	마케팅지원	최영배 정나영
제작	조영석 허병용	경영지원	김혜경 김경희

303비전성경암송학교 유니게 과정
이슬비전도학교 / 303비전성경암송학교 / 303비전꿈나무장학회

펴낸곳   규장

주소 06770 서울시 서초구 매헌로 16길 20(양재2동) 규장선교센터
전화 02)578-0003   팩스 02)578-7332
이메일 kyujang0691@gmail.com   홈페이지 www.kyujang.com
페이스북 facebook.com/kyujangbook   인스타그램 instagram.com/kyujang_com
카카오스토리 story.kakao.com/kyujangbook
등록일 1978.8.14. 제1-22

책값 뒤표지에 있습니다.
ISBN 979-11-6504-161-8 03230

규 ㅣ 장 ㅣ 수 ㅣ 칙

1. 기도로 기획하고 기도로 제작한다.
2. 오직 그리스도의 성품을 사모하는 독자가 원하고 필요로 하는 책만을 출판한다.
3. 한 활자 한 문장에 온 정성을 쏟는다.
4. 성실과 정확을 생명으로 삼고 일한다.
5. 긍정적이며 적극적인 신앙과 신행일치에의 안내자의 사명을 다한다.
6. 충고와 조언을 항상 감사로 경청한다.
7. 지상목표는 문서선교에 있다.

하나님을 사랑하는 자 곧 그의 뜻대로 부르심을 입은 자들에게는 모든 것이 合力하여 善을 이루느니라(롬 8:28)

규장은 문서를 통해 복음전파와 신앙교육에 주력하는 국제적 출판사들의
협의체인 복음주의출판협회(E.C.P.A:Evangelical Christian Publishers
Association)의 출판정신에 동참하는 회원(Associate Member)입니다.